Davina Delor

Le yoga des paresseuses

•MARABOUT•

© Marabout (Hachette Livre), 2008

Toute reproduction d'un extrait quelconque de ce livre par quelque procédé que ce soit, et notamment par photocopie ou microfilm, est interdite sans autorisation écrite de l'éditeur.

Sommaire

Avant-propos
Pourquoi ce guide va vous aider...7

chapitre 1
Comment atteindre vos objectifs à coup sûr 13

chapitre 2
Comment rendre votre corps et votre esprit heureux......................49

chapitre 3
Comment sculpter votre corps
(et votre esprit par la même occasion) 81

chapitre 4
Comment détendre votre esprit...111

chapitre 5
Comment bien pratiquer le yoga quand on est paresseuse..........139

chapitre 6
Comment soulager ses maux grâce au yoga 177

chapitre 7
Comment apprendre à méditer 207

chapitre 8
Comment trouver le bonheur grâce au yoga 229

chapitre 9
Petit glossaire du yoga 239

Carnet d'adresses...243

À lire...245

Table des matières..247

Avant-propos

AVANT-PROPOS

Pourquoi ce guide va vous aider

Vous faites partie de ces femmes actives qui semblent toujours en forme, à qui les autres font confiance tellement tout a l'air d'aller si bien pour elles. Votre vie se déroule en accéléré et, si l'on vous parle de yoga pour vous détendre, vous levez les yeux au ciel et haussez les épaules, laissant cette activité à un public d'allumées.

Ou bien vous comptez parmi celles qui dans leur existence avancent lentement, au gré de leurs habitudes bien ancrées. Vous remplissez un cahier des charges limité à vos obligations et passez le reste du temps à ne surtout rien faire. Alors, entendre parler de yoga, non merci ! Quel que soit votre profil, il est à parier qu'il subsiste au fond de vous un petit manque non identifié. Avouez-le ! Et s'il s'agissait d'un besoin de mieux-être ?

La pratique du yoga remonte à des millénaires, rendant sa culture traditionnelle authentique.

Déjà, voilà quelque chose de rassurant. Si, depuis plusieurs siècles, de nombreux individus proclament les vertus bienfaisantes de cet entraînement, à n'en pas douter, il se passe sûrement quelque chose de très intéressant.

Justement, en tant que pratiquante du yoga depuis mon enfance, je me propose de vous initier, non pas pour faire de vous des yoginis accomplies (quoique...), mais pour vous donner l'envie et les moyens d'utiliser ce que vous appellerez bientôt votre nouvel art de vivre.

Malgré l'enthousiasme que vous percevez au travers de mon discours, vous hésitez encore à vous laisser convaincre, parce que vous n'aimez pas la gym, avez horreur des efforts physiques et, en plus, vous n'avez vraiment pas le temps ! À cela, je réponds : le yoga n'est pas une gymnastique, sa pratique ne requiert aucun effort – ou du moins pas comme vous l'entendez – ni sens de la performance, ni esprit de compétition susceptibles de vous amener à forcer vos limites.

9

AVANT-PROPOS

Quant à la question du temps, réfléchissez : combien dure une séance chez le coiffeur, une manucure, un bon bain parfumé, ou même un bain de soleil, toutes ces choses que vous faites pour être bien, pour être mieux ?

On trouve toujours le temps de satisfaire sa motivation essentielle, et c'est tant mieux. La vôtre, si elle est de pouvoir paresser comme bon vous l'entendez, n'est-elle pas aussi de vous sentir à l'aise dans votre corps et en harmonie avec votre vie ?

En suivant ce guide, vous apprendrez à mieux vous connaître : il s'agit, vous verrez, d'une véritable révélation. Vous en apprendrez plus sur vous-même que vous ne l'avez fait depuis le début de votre existence. Comment cela est-il possible ?

Vos expériences, heureuses ou malheureuses, ont fabriqué une image que vous prenez pour vous. Si l'image n'est pas entièrement fausse, il manque dans le décor l'élément principal : votre pouvoir de vie. Ce pouvoir contenu dans votre énergie reste tributaire des événements extérieurs, tant que vous ne savez pas le reconnaître et que vous le laissez dormir au fond de vous, comme un trésor enfoui sous les combles. Le corps est fait pour bouger, et l'esprit pour créer. Le yoga est le lien qui les réunit. Si vous acceptez d'être doucement mais sûrement guidée en ce sens, vous découvrirez en vous les infinies possibilités qui vous rendront la vie heureuse.

Il ne s'agit pas ici de paroles futiles, pour bien faire ou pour « avoir l'air ». Si je m'adresse à vous en ces termes, c'est pour vous faire bénéficier d'un enseignement dont la valeur est inestimable.

N'avez-vous pas en effet envie d'accéder au bien-être physique, à la joie du cœur et à la paix de l'esprit ? Quels sacrifices seriez-vous prête à faire pour obtenir le bonheur et pouvoir le répandre autour de vous simplement par votre présence aimante, solide et équilibrée ?

Combien la vie serait ainsi plus douce et combien semblerait-elle avoir enfin un véritable sens !

AVANT-PROPOS

Voilà ce que le yoga vous propose dans ce livre ; il est un guide qui connaît vos besoins et vous prend par la main, avec tendresse mais sans faiblesse. J'en vois certaines qui commencent à s'inquiéter. Pas de panique ! Sans bousculer vos habitudes, le yoga saura vous aider à les transformer en comportements justes pour transformer votre corps en un outil de vie sur lequel vous pourrez compter et pour rendre à votre esprit sa place royale : l'autonomie.

Malgré la grisaille du temps, les coups de cafard et les sautes d'humeur, la joie existe, elle contient les promesses du bien-être et les clés de la réussite. Le yoga vous révélera cette énergie joyeuse, dynamisante et créatrice. En le pratiquant, vous deviendrez actrice de votre existence dans son plus joli rôle : une belle santé et du bonheur pour pouvoir le donner aux autres et être bénéfique à votre vie.

À l'instant même, vous tenez dans vos mains la chance de réaliser vos vœux de mieux-être. Il dépend de vous de vous y employer. Ce guide prend en compte vos difficultés, quel que soit l'état de votre forme physique, celui de votre moral, votre âge, vos conditions de vie. Dès que vous affirmez votre choix, il vous conduit pas à pas vers votre meilleure réalisation. N'en doutez pas, n'hésitez plus et tournez-vous résolument vers ce que vous souhaitez tellement : être bien tout simplement !

chapitre 1

Comment atteindre vos objectifs
à coup sûr

Et si vous commenciez par vous détendre ?

Être paresseuse ne veut pas dire mal faire les choses, en cela, de toute manière, vous ne prenez pas trop de risque puisque vous en faites le moins possible ! Plutôt un manque d'entrain, dites-vous ?
Laissez-moi vous répondre : il vous manque de l'entrain, certes, mais aussi de la curiosité d'en savoir un peu plus sur la personne que vous êtes. Pas de panique ! Pour le moment, je vous propose de rester dans vos marques habituelles, c'est-à-dire bien calée entre deux oreillers ou lovée dans les bras de votre fauteuil préféré. J'exagère ? Hum, si peu...

Vous êtes **unique**

Ça, vous le saviez déjà, mais sachez que vous êtes unique, avec des capacités et des talents bien particuliers capables de combler votre existence. Il y a des lumières et des beautés plein votre esprit et de l'amour à profusion dans votre cœur. Assurément, vous possédez un magnifique trésor. Vous aimez bien que l'on vous parle comme ça ? Alors, puis-je me permettre une question ? Que faites-vous de ce trésor ? À force de vous identifier à cette indolence que l'on nomme « paresse », vous finissez par trouver amusant, voire confortable, de dormir sur votre capital bonheur au lieu de le faire fructifier. Mais quel dommage !!! Seriez-vous un tant soit peu d'accord avec moi ? Bon, ça va, continuons alors !
L'expression « remise en forme » indique que quelque chose doit être remis à sa juste place. La forme dont il est question ici est celle du bien-être ressenti dans votre corps, dans votre esprit, dans votre vie. Ces trois éléments

CHAPITRE 1

sont étroitement liés les uns aux autres. S'occuper de l'un et négliger les autres crée un manque qui se manifeste par un mal-être quelconque. Le yoga dont je veux vous parler s'exerce aux trois niveaux essentiels : corps-esprit-vie quotidienne.

Qui a envie de se laisser aller à la paresse quand il s'agit de protéger sa santé et son bonheur ? Sûrement pas vous ! Le yoga va vous aider à devenir vous-même, à reconnaître en vous les valeurs que vous admirez.

Chuuuttt... Détendez-vous

Dans votre maison intérieure règne l'ambiance que vous aimez : un peu feutrée, douce, propice à la relaxation. C'est là où il ne faut pas confondre paresse et sérénité. L'endroit est indiqué pour calmer les agitations et se laisser aller au plaisir d'abandonner toutes les tensions. Celles du corps pour commencer.

Habituellement, vos moments de paresse ressemblent à une négation, un oubli volontaire des choses ordinaires. Vous pensez vous reposer, mais vous vous trompez, parce qu'à la surface de votre être remue toujours quelque part un amas grouillant d'émotions contenues. Et là, aucune chance de vous reposer. Tandis qu'en ce moment, à l'instant même où vous ouvrez la porte de votre résidence personnelle, le monde extérieur s'efface. Votre nature profonde baigne dans l'éclat du joyau de l'esprit. Semblable au pur cristal, il éclaire tous les espaces de votre être. La lumière qu'il diffuse est si transparente qu'elle efface la confusion qui peut y régner. Vos nerfs se dénouent, ils deviennent souples et lisses comme le mouvement d'une eau tranquille. Vos muscles se détendent sous l'effet d'un état de confiance agréablement ressenti. L'air très doux produit par une calme respiration imprègne votre corps de tendresse, tandis qu'il se repose enfin dans son apaisement. Et l'on peut voir sur votre souffle léger glisser la majesté du cygne de la sérénité. Chuuuttt... Détendez-vous...

Abandonnez-vous **au bien-être**

Ça y est ! Pour la première fois, vous venez de vous exercer au bien-être au lieu de paresser ! Je vous l'avais dit que vous seriez surprise, que vous iriez de découverte en découverte. Tout de même, ce n'est pas rien d'explorer son univers intérieur et quel délice d'y rencontrer tant de splendeurs. Il faut avoir effectué une fois la traversée pour que l'envie très forte d'y retourner devienne le support d'une discipline pleinement consentie. Le mot « discipline » vous choque ? Employons celui de « régularité » si vous préférez ! Le tout étant que vous compreniez qu'il est temps de cesser de chercher le bonheur à l'extérieur. Impossible de l'acheter quelque part et celui qui dépend des autres est toujours temporaire. Jetez un œil au centre de votre cœur tranquille, là où vous pourrez le trouver et où l'exercice suivant va vous mener.

CHAPITRE 1

Le bonheur est en vous

Prenez un rendez-vous avec vous

Sur une chaise **Lotus au sol...** **... ou sur un coussin**

Tous les matins ou à n'importe quel moment de votre choix, programmez un instant différent au cours duquel il n'y a rien d'autre à faire que de vous asseoir tranquillement. Vous allez adorer cette délicieuse suspension du temps. Ne rien faire, n'est-ce pas ce que vous souhaitez le plus ? Cependant, pour que le bénéfice soit complet, voici quelques petits conseils.

Les bonnes conditions pour le lâcher-prise

Selon votre capacité corporelle, souplesse articulaire, etc., choisissez un siège où vous vous sentez bien. Une chaise fera fort bien l'affaire ou, si vous avez envie de vous faire plaisir, adoptez le traditionnel coussin de méditation que je me plais à nommer « coussin de tranquillité ».

Quel que soit le siège, il s'agit maintenant de redresser la paresse naturelle du dos en le maintenant bien droit. Vous allez voir, c'est bon pour la santé et pas si désagréable que cela.

Si vous optez pour la chaise, ne vous appuyez pas contre le dossier. Vos pieds légèrement séparés sont posés bien à plat sur le sol, les jambes dans l'alignement. Les bras souples, vos mains reposent sur vos genoux. Votre tête est droite, dans le prolongement de la colonne vertébrale, et votre regard détendu. Ne promenez pas vos yeux dans tous les sens, mais abaissez votre regard (pas la tête qui doit rester droite) devant vous vers le sol.

N'oubliez pas qu'il s'agit du rendez-vous le plus important de la journée, puisqu'il vous met en présence de vous-même, et là, croyez-moi, c'est très captivant. Vous en doutez encore ? Cela vous fait rire ? Tant mieux pour le rire qui favorise le lâcher-prise et qui dédramatise, dommage pour le doute qui vous met un boulet au pied. Mais revenons à la posture.

La posture du lotus

Si vous voulez vous essayer à la position du lotus, sachez que *padma* signifie en langue sanskrite « lotus » et *asana*, « posture », donc *padmasana* traduit la position que vous prenez en vous asseyant ainsi : la posture du lotus.

Assise, le dos, bien entendu, est droit, les jambes sont croisées, la droite sur la gauche, les plantes des pieds tournées vers le ciel.

Aïïïeee, aïïïeee ! Vous rencontrez le premier handicap dont toute paresseuse est affligée : je parle de la rigidité ou, si vous préférez, du manque de souplesse. La difficulté vous lance un défi, voulez-vous le relever ? Vous pouvez commencer l'entraînement en repliant simplement vos jambes en tailleur. Vous le faisiez très bien quand vous étiez petite, cela va revenir tout seul. Avec un peu de pratique, vous pourrez accéder au demi-lotus, soit la jambe droite repliée sur la gauche, le pied sur la cuisse. Les bras sont ouverts sans effort de chaque côté, vos mains placées sur vos genoux. N'oubliez pas de poser tranquillement votre regard devant vous, sans vous laisser distraire. Eh bien voilà ! C'est aussi facile que ça !

CHAPITRE 1

Et maintenant, demandez-vous ? Comme je vous l'ai promis, il n'y a rien d'autre à faire que laisser faire. Laissez-vous respirer, laissez-vous détendre, laissez-vous vivre cet instant de paix. Inspirez, expirez et dé-ten-dez-vous !

Le chef en vous, c'est votre esprit

On n'a pas fini d'en parler. Déjà pas si mal de savoir qu'il y a une autorité aux commandes quelque part en soi. Mais alors, d'où viennent les directives générales ? Tenez-vous prête parce que c'est justement là que cela devient intéressant.

Le plus souvent, l'esprit d'une paresseuse néglige de se poser sur des sujets qui pourraient l'engager à réfléchir, comme le pouvoir d'action, la volonté, la persévérance – j'en passe et des meilleurs...

Souhaitant préserver sa quiétude à tout prix, votre esprit laisse son indolence prendre la conduite de votre vie : la voilà guide de votre existence. Incapable de mener à bien les chances de réussite que vous portez en vous, vous accouchez régulièrement d'actes manqués et de succès morts-nés. Vite, réveillez-vous ! Gardez votre paresse comme une friandise dont vous pourrez vous délecter à petites doses.

Soyez **lucide**

Prisonnière des concepts et du matérialisme, vous réglez votre mode de pensée et d'agir sur tout ce qui vous facilite la vie. Quelle grossière erreur ! Vous êtes ennemie du moindre effort : plus ça va et plus il faut que ça aille vite, facile et bien. À part une tranquillité superficielle vite ébranlée par vos perturbations émotionnelles, ça ne va pas si bien que ça. Un tout

20

petit déclic extérieur non prévisible et cet apparent bien-être est bouleversé en quelques secondes. À cet instant, ni l'argent, ni la notoriété ou le bruit illusoire des mondanités ne peuvent être de quelque secours. Peu habitué à se maîtriser, l'esprit s'abandonne à ses afflictions, produites par un attachement sans borne à ce qu'il pense être bon pour lui, c'est-à-dire pour vous, car c'est de votre esprit dont il s'agit.

Prenez du bon temps... en toute connaissance de cause

Le corps trouve sa réjouissance dans la satisfaction des sens, c'est tout simplement humain. Là où ça se complique, c'est que plus vous en donnez à vos sens et plus ils en demandent. De quoi avez-vous donc vraiment besoin si ce n'est de savoir que c'est votre esprit qui sculpte votre vie ? Passer son temps à s'investir émotionnellement dans le petit espace que l'on se crée revient à dresser des murs jusqu'au ciel pour ne plus laisser passer le soleil.

Votre esprit est tout-puissant, il est à l'origine de votre bonheur et de votre souffrance ; il ne tient qu'à vous de l'orienter vers la voie que vous choisissez. Parce que pour le coup, dans cette histoire de vie qui est la vôtre, la paresse ne ferait plutôt que gravement vous desservir.

Oh, mais attendez donc ! Personne ne dit qu'il va falloir faire des efforts démesurés, que plus jamais vous ne pourrez flemmarder, ou prendre du bon temps. Cela reste toujours possible, mais en toute connaissance de cause et non dans l'aveuglement.

En devenant la maîtresse de votre esprit, vous saurez programmer la situation idéale. Quand on connaît les règles du jeu, il n'est pas interdit de jouer !

CHAPITRE 1

Prête pour un jeu de rôle ? Le jeu du yoga

Les jeux de rôles sont à la mode, rien de tel que se prendre pour une autre pour voir son énergie se transformer. N'imaginez surtout pas que nous sommes en train de changer de sujet. Votre corps, intimement lié à votre esprit, reste votre meilleur enseignant. Je veux dire que votre expérience personnelle vaut tous les bla-bla du monde et il est temps pour vous de le vérifier.

Et si vous vous preniez pour... une girafe ?

L'élégant port de tête de la girafe donne à cet animal une beauté altière que son touchant regard rend émouvante. Rendue possible par la situation élevée de son corps, son énergie semble dégagée des basses contraintes, ce qui lui permet de prendre une certaine distance vis-à-vis des choses ordinaires. Malgré cette aptitude, son cœur reste présent à son environnement.

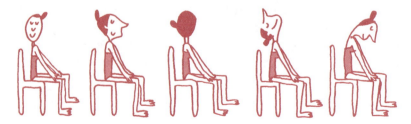

La girafe

Un cœur et un esprit ouverts

Pour intégrer cette forme d'énergie en vous, voici ce qu'il faut faire.

Asseyez-vous dans l'une des deux postures de méditation exposées précédemment (lotus ou demi-lotus). Portez votre attention au bas de votre dos, à la base de la colonne vertébrale.

Tout en inspirant lentement, remontez mentalement le long de la colonne en étirant votre dos. Puis, à partir du cou, étirez les vertèbres cervicales en expirant, comme si l'on vous tirait la tête vers le haut. Puis, en inspirant, poussez le sommet du crâne vers le plafond et, à l'expiration, tournez la tête sur un côté. Continuez en ramenant la tête à chaque fois de face, puis de l'autre côté. Gardez le même principe pour déplacer la tête en avant et en arrière.

Conseils

La règle du jeu est de faire les mouvements lentement comme le font les girafes. N'oubliez pas de surveiller votre regard pour qu'il reste doux et profond, attentif au monde qui l'entoure.

Bénéfice : l'étirement vertébral libère les blocages du dos et de la nuque. Cet exercice prévient l'arthrose.

CHAPITRE 1

Et si vous vous preniez pour... **une libellule ?**

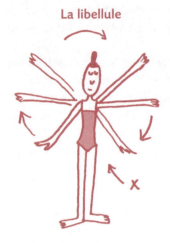

La libellule

Toutes en grâce et en légèreté, les libellules sont les fées de nos jardins d'été. Mais il ne faut pas s'y tromper : sous un aspect fragile, elles dissimulent une force peu commune. Vous êtes-vous déjà fait mordre, oui, je dis bien « mordre », par une libellule en essayant de l'attraper ? Les apparences sont bien trompeuses et lorsqu'il s'agit de leur liberté, les jolies dames savent la défendre. Leur mystérieuse énergie dégage un parfum de magie se rapprochant de celle de notre esprit.

Libre comme l'air

Pour percevoir cette forme d'énergie en vous, placez-vous debout, jambes réunies. Étirez vos bras de chaque côté, la paume de vos mains face au sol. Puis commencez à tourbillonner sur place en maintenant les bras écartés.

Conseils

Attention ! Modérez vos ardeurs, surtout au début. Sans entraînement, la tête pourrait bien vous tourner plus que vous ne l'imaginez. Faites un test de vos capacités en accomplissant d'abord trois ou cinq tours. Et voyez...

Bénéfice : cet exercice dynamise puissamment l'énergie si l'on sait ne pas dépasser ses limites. Prenez garde, la liberté, ça se conquiert !

COMMENT ATTEINDRE VOS OBJECTIFS À COUP SÛR

Et si vous vous preniez pour... une grenouille ?

La grenouille

au sol   en l'air

Il y a en chacune de nous une petite fille espiègle qui dort. Pour les rieuses, les chahuteuses et pour les plus souples aussi, adoptez le régime énergétique de la grenouille : tout en rebondissements !

Toute en vitalité

Pour vous imprégner de cette forme d'énergie, placez-vous accroupie, les talons collés, les pieds ouverts de chaque côté, les cuisses, comme celles des grenouilles, sont largement déployées. Appuyez les mains sur le sol, poignet contre poignet et bras tendus, le poids de votre corps légèrement porté vers l'avant. Et maintenant, sans hésiter, prenez appui sur vos mains et la pointe de vos pieds, et hop ! telle une jolie grenouille, sautez !

Conseils

À faire plusieurs fois de suite pour pouvoir rebondir. À chaque fois, revenez dans la même position sur le sol et gardez les jambes repliées lorsque vous êtes en l'air.

Bénéfices : la grenouille donne beaucoup d'endurance, renforce votre souffle et cultive vos abdominaux et puis, c'est rigolo !
À essayer plusieurs fois peut-être avant de s'y sentir à l'aise.

CHAPITRE 1

Et si vous vous preniez pour... une fleur des champs !

Fleur des champs

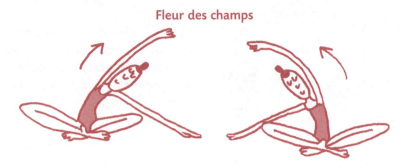

Poussant au gré du soleil et du vent qui se plaît à les essaimer, les fleurs des champs ne s'encombrent pas d'exigences. Elles aiment se laisser courber sous la brise qui leur parle de l'air du temps et être caressées, par les rayons solaires qui rendent hommage à leur beauté (les très paresseuses apprécieront...).

Souple et maniable

Pour accéder à cette forme d'énergie, asseyez-vous en tailleur ou en lotus. En inspirant, ouvrez votre bras gauche sur le côté, montez-le au-dessus de votre tête en inspirant toujours et, dans un mouvement délié, cambrez latéralement votre buste sur le côté droit en expirant.

Dans un enchaînement fluide, changez de bras et faites exactement la même chose de l'autre côté.

Conseils

Installez un rythme harmonieux pour vous balancer ainsi de droite à gauche dans le déploiement de vos bras, aussi souple que la tige d'une fleur des champs.

Bénéfices : cette oscillation délie les bras, les épaules, assouplit le dos et procure une immédiate sensation de douceur chaude et tendre.

Comment vous motiver ?

Si, à la question suivante : « Dites-moi quel vent vous pousse à vouloir rencontrer vos passions ? », vous répondez : « Ben, justement, j'y ai renoncé, c'est bien trop fatigant rien que d'y penser. » : pas d'erreur, vous êtes une authentique paresseuse. Il n'y a rien à faire ? Vous laissez tomber ? Vous plaisantez, moi, je ne renonce jamais !

Par expérience, je sais que nous sommes toutes des êtres d'intentions et que même les meilleures ne suffisent pas. Ce qu'il nous faut, c'est une solide motivation. Et puis, ne me dites pas que tout vous est égal, que rien ne vous intéresse vraiment, et bla, et bla. Parce que si tel est votre cas, il ne s'agit plus de paresse, mais d'inconscience ou de dépression.

Cela dit, alors, vous avez réfléchi à ce qui motive votre vie ? Vous avez bien un projet, un souhait, un rêve secret, quelque chose qui déloge la confortable mais illusoire torpeur de la paresse lorsque vous y pensez ?

Faites **votre choix !**

Les attitudes mentales influencent les comportements. Tant que l'on garde ses lunettes de soleil pour voir dans la nuit noire, on ne peut qu'avancer, à tâtons, et se cogner au moindre obstacle. La route est dangereuse quand on ne sait pas où l'on va et que l'on ignore son chemin.

À la différence des animaux, l'être humain a la capacité de faire des choix. Dès à présent, faites le vôtre, celui qui élimine les obscurcissements de

CHAPITRE 1

l'esprit et vous permet de devenir capable d'offrir un sens à votre vie. La motivation est issue du désir, le vôtre n'est-il pas d'être réellement bien, de goûter à la paix de l'esprit, d'avoir un corps solide et en bonne santé ? Bien sûr, il ne s'agit pas d'oublier les autres, mais, pour le moment, pensons à vous. Être réellement bien, voilà une ambitieuse motivation ! Mais il y a sûrement des choses à faire pour accéder à ce réel bien-être. « Ça y est, nous y voilà, pensez-vous, je savais bien qu'à un moment ou à un autre, elle me la jouerait dans l'engagement et dans l'action. Flûte, je ferme le bouquin ! » Stoooppp ! Eh là, pas si vite ! Tenez-vous tant que cela à rester étrangère à vous-même ?

Ne vous méprenez pas sur mes propos, je ne cherche pas à vous inculquer quoi que ce soit dont vous ne voudriez pas. Je laisse seulement couler à flot dans mon esprit l'énergie de la vie et, comme cela me réussit, j'ai envie de vous la faire partager. O.-K. ? Bien, reprenons.

Mais qu'est-ce qu'**une motivation ?**

C'est d'abord une aspiration, quelque chose que l'on a envie de devenir, à laquelle on veut accéder ou que l'on veut produire. La motivation est cette énergie qui soulève une force particulière en vous pour vous donner les moyens de réaliser ce qui vous tient à cœur. Alors, de ce fait, la paresse n'est pas son alliée.

Je vois briller dans vos yeux la lueur encore pâle d'un projet de vie englouti depuis bien longtemps. Sans le vouloir peut-être, vos espérances se sont laissées recouvrir par le doute, la peur d'agir, de ne pas être à la hauteur. Insidieusement, vous êtes devenue une paresseuse de la vie avec une petite tendance naturelle au surplus : négliger totalement vos possibilités, les dénier à un tel point que l'aventure de la réussite ne vous tente même

CHAPITRE 1

pas. Mais voilà qu'aujourd'hui une porte s'ouvre, libérant l'impression de n'avoir pas joué toutes vos cartes. Il reste encore du temps, dépêchons-nous de l'employer à vous faire du bien.

Utilisez **les clés de rappel**

Ce sont des petits « pense-intelligent » que vous disposerez aux quatre coins de votre mémoire et de vos lieux de vie pour les graver dans votre esprit et les voir ressurgir au moment opportun. Ce sont des mots, des objets ou des images symbolisant votre motivation et que vous pouvez placer dans les endroits que vous fréquentez le plus au cours d'une journée. Par exemple : à côté de votre réveil, en marque-page dans un livre de chevet, collé sur votre frigo ou épinglé sur votre porte d'entrée. Ou encore : encadré sur votre bureau, imprimé comme un tatouage sur votre poignet ou en mémo d'étudiante style anti-sèche dans la paume de votre main. Bref, mettez des clés de rappel partout où vous allez pour justement vous rappeler ce que vous voulez à présent.

Prenez-vous **en main !**

Tout bouge !
Ça, ce n'est pas pour vous donner le tournis, mais simplement pour vous rappeler que le mouvement est le moteur de la vie.
Tout se déplace sans cesse, tout se transforme dans un perpétuel recommencement. Puisque rien ne dure réellement, à quoi bon s'endormir sur ses acquis ? La minute suivante sera forcément différente de la précédente. Chaque instant qui passe apporte un renouveau et lorsque quelque chose s'arrête, c'est le début d'une autre chose.

COMMENT ATTEINDRE VOS OBJECTIFS À COUP SÛR

Si vous laissez passer les occasions contenues dans le mouvement du temps, vous perdez l'essentiel du sens de votre vie. La paresse endort votre esprit. N'oubliez pas de ne pas vous accrocher aux apparences, parce que... tout bouge !

Slogan pour les flemmardes, les endormies de l'énergie

Dans le sens de la vie, je fais de chaque instant un mouvement précieux qui me réjouit.

La perfection n'existe pas

Contrairement aux idées reçues, le perfectionnisme engendre souvent la paresse. Certaines personnes pensent en effet qu'il vaut mieux s'abstenir de faire quoi que ce soit plutôt que de ne pas produire un résultat parfait. D'autres au contraire se lancent dans un surcroît d'activité, espérant ainsi échapper à leur névrose de perfection. N'ayant plus le temps d'aller jusqu'au bout des choses, elles peuvent en rejeter la faute sur la cavalcade effrénée des heures, des jours et des années.

Encore une bonne excuse pour moisir dans sa paresse sans en avoir l'air. Mais réfléchissez, en encombrant vos journées de rendez-vous obligatoires, de choses à faire que vous ne pouvez soi-disant pas ajourner, il ne reste plus la moindre place pour révéler à votre esprit sa véritable dimension. Voilà qui ôte toute chance à votre vie de rencontrer le vrai bonheur tant recherché.

Slogan pour les acharnées de la perfection

Sans embarras et sans présomption, je fais du mieux que je peux, et ça me réussit !

CHAPITRE 1

Se prendre en main est un plaisir

Observer le fonctionnement de son esprit, c'est apprendre à se connaître pour pouvoir s'apprécier. Face à votre indolence, vous découvrirez votre force. C'est une expérience très amusante que d'être spectatrice de soi-même. Au bout du compte, même la plus paresseuse des paresseuses ne pourra se contenter d'admirer ses faiblesses sans réagir. Une envie, un désir surgiront du fond de votre nature véritable qui vous éveilleront à un projet de progression. Le plaisir se glissera dans votre corps sous la forme d'une posture de yoga dont la tenue vous rappellera les caresses voluptueuses de la patience.

Slogan pour les jouisseuses de l'inertie

Avancer, c'est gagner !

Examiner son esprit pour voir ce qui s'y trouve

C'est toujours mieux que de passer sa vie sans voir la couleur de ses pompes ! Si vous ignorez le pourquoi de vos agissements, la raison pour laquelle vous faites les choses de telle manière ou vous en abstenez, comment trouver la meilleure situation pour vous sentir tout à fait bien ?

Paresseuse ou pas, tout le monde veut accéder au bonheur. Mais voilà, c'est comme pour la bonne cuisine, il faut trouver les ingrédients appropriés et apprendre à les utiliser correctement.

En voici un à mettre à toutes les sauces : le discernement. Regardez votre vie au quotidien, qu'y voyez-vous, quelle est votre réalité ? Mais non, pas celle des apparences, pas celle de la surface, je veux dire : comment vous sentez-vous en vous ?

Slogan pour les fuyardes de l'effort

J'ouvre la porte de mon esprit, je plonge et je fais le tri.

Devenez votre propre thérapeute

C'est en apprenant à vous comprendre que vous pourrez bien vous aimer. Non pas en tant qu'ego – parce que celui-là vous garde la tête sous l'eau – mais en tant que personne responsable du joyau de sa vie.

Il est un soin essentiel qu'aucun médecin ne peut vous apporter : c'est celui qui naît de la compréhension de la nature pure de votre esprit. D'un côté le négatif en surface, de l'autre le positif en profondeur. Quel est celui qui vous révèle, qui vous fait dire « Je suis » ? Et l'image que vous avez de vous, est-ce bien votre réalité ?

Pour devenir son propre thérapeute, il faut abandonner toute forme de paresse et commencer à cheminer sur vos sentiers inexplorés. Ils vous conduiront aux rivages de l'océan de votre esprit. Là seulement, vous pourrez goûter à l'ineffable bien-être que vous recherchez tant.

Slogan pour celles qui souffrent d'elles-mêmes

Je quitte mes vieilles habitudes usées et trouve dans mon esprit l'expression d'une nouvelle vie.

Ce qui est **avec vous,** ce qui est **contre vous**

Soyons claire et n'allons pas chercher midi à quatorze heures : le meilleur moyen de réussir en toute chose est d'utiliser ce dont on dispose. Ce qui peut vous aider est déjà là – et ce qui vous dessert aussi d'ailleurs.

Ce qui joue en votre faveur est contenu dans la personne que vous êtes, ce qui se retourne contre vous est le faux personnage que vous croyez être.

CHAPITRE 1

Avec vous

- La réflexion qui vous donne un juste pouvoir d'action.

- La modération qui vous permet de prendre du recul.

- La simplicité du cœur qui vous rend la vie plus facile.

- La constance qui trace une ligne directe entre votre objectif et son accomplissement.

- La générosité qui ouvre la porte des vraies valeurs.

- La tempérance qui égalise votre humeur.

- La volonté qui clarifie vos choix et les maintient.

- La gentillesse qui apporte beaucoup aux autres et fait que l'on vous aime.

- L'authenticité qui entretient de bonnes relations avec vous-même.

- Le yoga qui vous relie à votre pouvoir de vie.

Contre vous

- L'insatisfaction liée aux désirs qui s'enchaînent et entravent vos réalisations.

- L'égocentrisme qui brouille toutes les pistes de bonheur.

- Le manque d'humour dans le sens de prendre tout au pied de la lettre.

- L'impatience qui vous entraîne vers l'exigence et la mauvaise humeur.

- L'esprit critique qui vous engage dans le jugement et vous plonge dans l'amertume et la colère.

- La dissimulation qui vous culpabilise et empoisonne votre plaisir.

- Le manque d'attention qui vous éloigne des petits et des grands bonheurs.

- L'inaction qui vous prive des accomplissements.

- Le mépris qui stérilise vos possibilités d'évolution.

- La paresse qui vous sépare de l'énergie de la vie.

Comment passer du rêve à la réalité ?

Imaginez qu'il y ait deux sortes de rêves : les uns vécus dans le sommeil et les autres à l'état de veille. Pourquoi appelons-nous réalité ce qui est aussi insaisissable que les événements qui se produisent dans le cours de notre existence ? Je veux dire par là que les choses passent si vite que l'on n'a pas les moyens de les retenir. Tout le monde veut croire fermement à du solide, du concret, voire de l'éternel. Pourtant, ce qui se passe dans un moment nous échappe l'instant suivant. Et où se trouve le moment précédent ? Certaines personnes vivent encore très fort leur passé. N'est-ce pas là une perte de temps ? Ce qui fut n'est plus et ne se reproduira plus, tout du moins sous la même forme. Comme dans un rêve, la situation a temporairement existé, mais lorsqu'elle s'est effacée, où se trouve sa réalité ?

Prenez une photo de vous à l'âge de 10 ans par exemple, en la montrant, vous dites : « c'est moi ! » et vous en êtes persuadée. Bien sûr que non, ce n'est pas vous, car ce n'est plus vous ! Vos cellules ont changé votre corps a changé, votre voix a changé, vos pensées ont changé, et, bien que vous portiez toujours le même nom, vous n'êtes plus du tout la même. Pouvez-vous dire le contraire ? Alors, où se trouve cette petite fille de 10 ans ? Elle n'existe pas plus que l'instant figé sur la photo, elle est aujourd'hui exactement semblable au souvenir d'un rêve.

Cessez de **rêver votre vie**

Où je veux en venir ? À comprendre que dans l'univers du rêve, tout est possible et que l'on peut rêver, si j'ose dire, sa vie. Ce que vous prenez pour être en dehors de la réalité est tout à fait le contraire lorsque vous

CHAPITRE 1

acceptez de penser votre vie autrement. Vous me suivez ? Quand vos aspirations vous font entrevoir une meilleure existence parsemée de réalisations bénéfiques qui vous rendent heureuse, vous vous trouvez à la lisière d'un rêve qu'il vous appartient de vivre pleinement... à chaque nouvel instant. La pratique du yoga du rêve éveillé* est la voie que nous choisissons ensemble pour faire l'expérience du rêve réalisé.

Réalisez **vos rêves**

L'esprit possède d'immenses capacités de créativité et de réalisations. Si vous l'élargissez, vous pouvez transformer votre quotidien en faisant de vos rêves une bienheureuse réalité.

Lorsque vous décidez de partir en voyage, vous faites un minimum de préparatifs. Les voyages de rêve demandent très peu d'organisation ; juste, réservez quelques moments pour vous installer confortablement dans un endroit tranquille où vous ne serez pas dérangée. Voilà qui est fait pour vous plaire, non ?

Assise ou allongée, vous n'avez plus qu'à vous laisser guider par votre propre esprit. Il vous emmène dans un rêve éveillé, créateur de la vie que vous souhaitez. Cette forme de yoga va très bien vous aller et vous pourrez l'utiliser aussi souvent qu'il vous plaira. En revanche, vous ne devrez pas négliger les postures ou les enchaînements de mouvements nécessaires à la maniabilité corporelle. Souvenez-vous, le corps a besoin de l'esprit, et inversement, dans l'incarnation de cette vie.

---

* Les pratiques décrites ci-après sont conçues pour des personnes débutantes. Le yoga du rêve est une authentique et très ancienne pratique yogique réservée aux initiés de longue date. Pour le moment, utilisons un matériel de base.

36

Le yoga du rêve

Le voyage de rêve dans l'amour partagé

D'abord, prenez le temps de vous installer confortablement dans les meilleures conditions de tranquillité, puis observez votre respiration jusqu'à ce qu'elle devienne un flot constant de calme, de doux plaisir et de sérénité. Derrière vos paupières closes, le monde à l'intérieur de vous se transforme. Doucement, vous vous rapprochez d'un secret bien gardé : celui né du désir de rencontrer un amour partagé, sans effort et sans compromis. Pas un de ces vulgaires attachements où l'on finit toujours par avoir quelque chose à se reprocher, mais un sentiment global si généreux

CHAPITRE 1

qu'il entoure tous les êtres. Il semble que votre cœur devient universel, capable de déverser des flots de tendresse en réponse à toutes les souffrances. Sentez-vous battre dans votre poitrine le meilleur de vous-même, cette capacité à aimer sans esprit de dualité ? Dans votre imagerie mentale se présentent devant vous les personnes qui vous sont les plus familières et les plus chères. Laissez parler votre cœur en leur offrant vos plus beaux sentiments vécus et ressentis au plus profond de votre être. Il semble que ces personnes sont à l'instant près de vous, ici même, et qu'il vous est possible de leur communiquer tout l'amour que vous leur portez.

Ce jeu du rêve peut laisser apparaître une personne après l'autre ou un petit groupe ; en fait, cela dépend de vous.

Puis, vos proches bien-aimés se fondent dans le décor pour laisser apparaître les personnes que vous rejetez, soit parce qu'elles vous agressent, soit parce que vous ne les supportez pas pour x raisons. Mais cette fois, le comportement de votre esprit à leur égard va changer. Ça, c'est vous qui devez le décider jusqu'à ce que votre émotionnel se tempère à leur sujet, jusqu'à ce que les ressentiments, les colères et la hargne se dispersent. Il vous faudra sans doute observer plus longtemps votre respiration avec le grand désir de l'adoucir et d'apaiser ses relents de rancune. Et lorsque cela s'accomplira, il vous sera possible de regarder sans animosité ceux qu'autrefois vous évitiez. Le voyage du rêve dans l'amour partagé demande alors de laisser naître en votre cœur une fleur de compassion que d'un geste bienveillant vous devenez capable de leur offrir.

Conseils

Le trajet de ce voyage doit être effectué lentement et souvent. Ne soyez pas pressée d'accéder aux perceptions les plus subtiles, mais gardez précieusement dans votre cœur le bijou de la confiance. Son éclat saura bientôt illuminer en vous la possibilité de véritablement aimer.

Le voyage de rêve dans votre réussite

Derrière vos paupières closes, les espoirs que vous nourrissez prennent une forme insoupçonnée. Votre imagerie mentale vous présente un arbre au centre d'une petite cour intérieure. Il se dresse au-dessus de dalles en pierre qui représentent les efforts mal gérés que vous faites pour édifier les bases de votre projet. L'arbre est étroitement entouré de quatre murs très hauts, solidement construits, symbolisant vos doutes. Pourtant, cet arbre est votre espoir de réussite et vous souhaitez ardemment le voir atteindre sa pleine maturité pour goûter à ses fruits.

Prenez le temps de contempler cette scène. Les conditions au développement de l'arbre (votre projet de réalisation) vous semblent-elles favorables ? Hum, voilà que votre esprit frissonne, pressentant l'étouffement du projet. Bien sûr, cela saute aux yeux, il manque l'essentiel : l'espace, la lumière du jour, de l'herbe et de la terre, et les oiseaux du ciel. Alors, vous n'avez qu'une idée, abattre vos propres murs, dégager les racines écrasées par le poids de la rigidité, pour laisser le soleil et la pluie nourrir votre projet. En libérant l'arbre de ce qui l'emprisonne, vous permettez à vos espoirs de se réaliser.

Les postures du rêve éveillé

Shavâsana   Nirvanâsana

En yoga, le sommeil est considéré comme une petite mort. Les yogis accomplis ne dorment pas de manière ordinaire. On dit qu'ils sont éveillés à la nature profonde de leur être, tandis que nous sommes alourdis, voire assommés par le sommeil.

CHAPITRE 1

Pour secouer l'apathie de l'esprit qu'encourage la paresse, je vous propose deux postures idéales. Pourquoi idéales ? Parce qu'elles se réalisent allongées. Le yoga n'a pas fini de vous prouver que l'on peut travailler en dormant éveillée !

Conseils

Shavâsana et *Nirvanâsana* sont deux attitudes qui vous permettent de progresser dans la pratique du yoga du rêve. Toutes deux placent votre corps dans l'état de relaxation nécessaire à l'expansion de votre esprit. Mais gare à la paresse ou à l'endormissement inconscient. Si vous tombez dans ces pièges, pas de révélation et plus d'accomplissement. Secouez donc votre vigilance et gardez-la bien présente.

• *Shavâsana*

Allongez-vous sur le dos – mais pas dans votre lit. Jouez plutôt aux yogis et, sans aller jusqu'à la planche à clous, étendez-vous par terre, sur un petit tapis.

Ouvrez un peu vos bras et vos jambes, la paume des mains face au ciel. Après avoir choisi votre voyage entre les deux précédents (dans l'amour partagé ou dans votre réussite), fermez doucement vos paupières et laissez-vous rêver en suivant de votre esprit éveillé.

• *Nirvanâsana*

Cette position amène une dimension plus vaste à votre rêve. Vous allez comprendre tout de suite pourquoi quand je vous aurai dit qu'elle fut la posture choisie par le Bouddha pour entrer en *parinirvana,* c'est-à-dire dans la réalité ultime de son être, une fois vaincues toutes les faiblesses inhérentes à l'être humain. Après avoir fait l'expérience de la souffrance par lui-même, au travers des autres êtres et du processus de la vie, le Bouddha chercha et trouva les moyens d'éliminer en lui les causes provocatrices de tous les malheurs. Il transmit ses connaissances jusqu'au moment où, ayant atteint les limites de sa vie humaine, il transcenda l'état d'une mort ordinaire en passage exemplaire dans l'état pur de l'esprit que l'on nomme *nirvana* (paradis de l'esprit).

Quelle chance a une paresseuse d'accéder à cet état ? Eh bien justement, toutes les chances, si seulement vous prenez conscience de l'importance du moment, parce que cela commence dès maintenant. Vous êtes en bonne santé ? Vous disposez de toutes vos facultés ? C'est à vous de jouer ! Exactement comme le Bouddha, vous pouvez ouvrir la porte de votre esprit sur l'espace infini de votre paradis.

Allongez-vous sur le côté droit, repliez votre bras droit et appuyez votre tête sur votre main. Les jambes sont étendues l'une sur l'autre sans tension, votre bras gauche repose sur la cuisse gauche. Les plantes des pieds font face à l'extérieur. Votre regard se baigne dans l'espace infini.

Si vous n'atteignez pas tout de suite le *nirvana*, je peux vous dire que vous ne manquez pas de vous en rapprocher, lorsque par la pratique vous acceptez de détacher les crampons de la paresse. Pas à pas, vos efforts d'amélioration soutenus par la joie dans le cœur et le partage du meilleur avec les autres vous conduisent à l'éveil, c'est-à-dire au bonheur.

Les efforts que l'on aime

- **Avoir un joli corps et bien le conserver :** une belle silhouette ne dépend pas uniquement de la morphologie. L'entraînement physique permet de transformer les imperfections en qualités. Cela vaut le coup de vous y exercer.
- **De l'énergie à revendre :** se sentir en pleine forme du matin jusqu'au soir améliore votre vie, mais aussi celle de votre entourage. Cette énergie

CHAPITRE 1

durable vous rend joyeuse et tout le monde en profite. L'énergie vitale, ça se cultive et ça s'entretient.

- **Établir un programme :** savoir ce que l'on fait et pourquoi est indispensable à l'équilibre général. Établir des repères vous donnera le plaisir de vous sentir bien dans vos marques.

- **Renoncer à se tracasser :** les tracasseries provoquent des embouteillages dans l'esprit. Trop de pensées, c'est comme la foule, ça devient vite désordonné. Vous seule pouvez en faire le tri.

- **Se rapprocher des autres :** ne plus fabriquer de barrières entre soi et les autres. Ils sont des milliards et vous n'êtes que vous-même. L'union fait la force.

- **Vivre l'instant présent :** le passé et l'avenir n'existent que dans les souvenirs et les projections. Autant dire qu'ils n'existent pas. À l'instant même vous êtes vous-même, le monde est tel qu'il est et vous ressentez tout cela de la manière dont vous décidez de le vivre.

- **Devenir ce que l'on veut être :** toutes les grandes réussites ont d'abord été éprouvées dans l'esprit de leur détenteur. Vous êtes ce que vous pensez.

- **Donner du temps au temps :** bien que très précieux, le temps ne se conserve pas dans un bocal, pas plus qu'enfermé dans un coffre. Le temps qui passe ne se rattrape jamais ! Prenez le temps d'en profiter correctement... lorsqu'il est encore temps !

- **Se sentir utile :** c'est donner tout simplement du sens à son existence. Pas besoin de faire des prouesses pour être celle qui écoute, celle qui sourit, celle qui partage. À vous de voir.

- **Être consciente de soi-même :** parfois tornade et parfois brise, le mouvement de la vie reste imprévisible. Mais celui de votre esprit est contrôlable. Pour ne plus être ballottée dans tous les sens, prenez les rênes de vos états émotionnels.

Changez vos habitudes, et vous changerez votre vie !

Un déménagement, c'est fatigant, ça peut même être bouleversant. Mais en principe, c'est vous qui l'avez décidé, certaine que cela vous apporterait quelque chose de meilleur. Parfois, ce sont les événements qui vous y contraignent. Malgré cela, n'avez-vous pas remarqué qu'une fois le grand chambardement passé, vous vous plaisiez davantage dans le nouveau décor de votre vie ? En fait, sur le moment, ce qui pose problème, c'est le changement des habitudes. Surtout, ne pas déroger au rituel quotidien sous peine de désorientation. Eh bien, il n'y a pas de quoi s'en vanter, ni s'en réjouir ! Ce comportement de l'esprit traduit une paresse vraiment peu séduisante et qui fait des dégâts aussi.

Que ce soit en vous, dans votre corps, dans votre esprit ou dans votre vie, il n'y a rien de permanent. Le principe d'une habitude est de rester fixée dans sa rigidité ; de ce fait, elle s'oppose tôt ou tard au mouvement de la vie. Lorsqu'une couche d'air froid rencontre de l'air chaud, l'orage éclate et le temps change. Vouloir rester ancrée dans ses habitudes, c'est attendre paresseusement qu'une tempête se produise, vous trempe jusqu'aux os et vous oblige à changer de vêtements. S'il fallait trouver un mot pour remplacer le changement, on pourrait dire : « réalité ». Oui, c'est bien cela, en opposition à notre manière d'appréhender ce qui existe, la réalité de toute chose inscrit son illusion dans le changement.

CHAPITRE 1

Changez tout !

On ne change pourtant pas d'habitudes comme de collants ! C'est bien plus difficile, et surtout, cela prend du temps. Mais une paresseuse avertie en vaut mille. Vous n'avez certainement pas envie de moisir comme un vieux fromage au fond de sa boîte en carton. Allez ! Bousculez-moi tout ça, acceptez de changer.

La formule 3 en 1 : s'asseoir, respirer, pratiquer

1. 2. 3.

1. Asseyez-vous jambes repliées côte à côte devant le thorax, vos bras enserrent vos genoux. Respirez normalement, le temps de vous sentir à l'aise dans cette posture en maintenant le dos bien droit.
2. Ouvrez vos genoux de chaque côté et laissez descendre vos jambes sur le sol. Dans le même temps, vos bras s'étendent largement et les mains sont grandes ouvertes. Dans cette attitude, inspirez, expirez profondément par le nez.
3. Levez les bras au-dessus de votre tête en inspirant et en joignant vos mains paume contre paume.
Gardez cette attitude avec le dos très redressé jusqu'à la fin de l'inspiration, puis expirez lentement en descendant les bras par les côtés. Puis reprenez la posture du début pour dérouler les postures en boucle.

COMMENT ATTEINDRE VOS OBJECTIFS À COUP SÛR

Cela constitue votre premier petit enchaînement de yoga. Je vous conseille de vous y exercer chaque fois que la paresse viendra vous solliciter. Plus drôle encore, entamez ce dialogue avec elle en lui disant : « D'accord, une fois de plus, tu me pousses vers le non-agir. Je commence à comprendre ta façon de faire, je vois bien qu'à la moindre pensée d'entreprise, tu m'envoies une sorte de rejet de l'effort, que je prends facilement pour de la fatigue ou je ne sais quoi encore. D'accord, je connais ta puissance renforcée par mon habitude à te céder. Faisons un pacte, je vais pratiquer la formule 3 en 1 une dizaine de fois et serai disposée à t'écouter après. » Cet après-là dépendra encore une fois de votre choix. La formule 3 en 1 réveille en vous le goût d'être bien, au point de troquer cette vieille habitude de lassitude avec le désir de changer. C'est vous qui décidez !

Ce qu'il faut retenir

- Le meilleur est déjà en vous.
- Faire du yoga va vous aider.
- Votre esprit est tout-puissant.
- Vous êtes une multitude d'énergies différentes.
- La motivation vous conduit tout droit au succès.
- Prenez conscience des chances que vous avez.
- Souvenez-vous de l'impermanence de toute chose.
- Les efforts, c'est bon pour la santé.
- La richesse est intérieure.
- Les apparences sont illusoires.
- Se reposer sur ses acquis vous les fait perdre.
- Les attitudes mentales sont des médicaments ou des poisons.
- Croyez en vos possibilités.
- Ne vous laissez pas prendre au piège de la pseudo-réalité.
- La vie est aux ordres de votre esprit.

45

CHAPITRE 1

- Le bonheur se nourrit de vos qualités.
- Le calme est l'antichambre du bien-être.
- Vos pensées sont créatrices.
- Les habitudes étouffent l'énergie de la vie.
- Votre corps est fait pour bouger, votre esprit pour penser, votre cœur pour aimer.

Choisissez les bonnes lunettes

Il y a une grande différence entre ce que l'on voit et ce que l'on perçoit au travers des lunettes de sa propre vision. En fait, ce que l'on regarde est la plupart du temps déformé par les projections de l'esprit. Sous l'emprise des émotions ou des pensées négatives, l'on voit bien autre chose que ce qui se présente. C'est la raison pour laquelle vous avez intérêt à explorer la manière dont vous fonctionnez. Vos tendances, vos désirs et vos pulsions sont les verres déformants des mauvaises lunettes que vous portez. Changez-les et la vie changera !

COMMENT ATTEINDRE VOS OBJECTIFS À COUP SÛR

DIX TRUCS À NE PAS FAIRE

1. Ne vous laissez pas démoraliser par un manque de confiance en vous

Du style : « C'est trop dur, je n'y arriverai pas. »

2. Ne vous laissez pas impressionner par les conduites exemplaires des yogis célèbres, des philosophes ou des grands sages

Vous pensez que vous n'êtes pas à la hauteur ? La question n'est pas là.

3. Ne vous laissez pas influencer par les copines

Ou par quiconque cherchant à démonter vos nouveaux plans.

4. Ne vous laissez pas entraîner dans des situations faisant obstacle à vos bonnes résolutions

Soyez la plus forte.

5. Ne vous laissez pas distraire par tout ce qui peut se passer lorsque vous pratiquez votre yoga

Soyez dans ce que vous faites, pleinement.

6. Ne vous laissez pas aller à la facilité

Du style : « Puisque je lis, je n'ai pas besoin de m'exercer. »

7. Ne vous laissez pas embarquer dans des stages de « développement personnel »

Certains vont même jusqu'à délivrer un certificat de réalisations illuminées à la fin d'un week-end !

47

CHAPITRE 1

8. Ne vous laissez pas étourdir par les apparences de bien-être dont vous êtes comblée
Souvenez-vous de l'impermanence.

9. Ne vous laissez pas piéger par les faux raisonnements
Du type : «Ce n'est pas à mon âge que je vais changer.»

10. Ne vous laissez pas séduire par la nouvelle méthode, le dernier produit en vogue dont tout le monde parle
Rappelez-vous : le bonheur ne se vend pas, il se gagne !

chapitre 2

Comment rendre votre corps
et votre esprit heureux

CHAPITRE 2

Et si vous n'étiez pas la seule à tout décider ?

Au fait, le saviez-vous, contrairement à ce que vous croyez, vous n'êtes pas la seule à tout décider en vous-même. Connaissez-vous la provenance des émotions que vous ressentez ?

Le couple le plus exigeant

Classiquement, oui bien entendu, votre cerveau, depuis votre naissance ingurgite et stocke des données et des références liées à vos expériences. Votre personnalité se charge de les reformuler et de les transformer en état d'être, c'est ce que l'on appelle les émotions. Mais nous oublions un détail de grande importance : en nous, il y a nous... et nous. Au cas où vous ne le sauriez pas encore, vous hébergez un colocataire d'origine masculine – tout comme il en va du contraire pour un homme. Encore une fois, vous n'êtes pas celle que vous croyez. Deux opposés complémentaires forment votre personnalité, vous donnant les moyens de faire face à toute situation. Ainsi, il vous est facile de faire appel à l'un ou à l'autre pour vous venir en aide.

Par exemple : lorsque, contrariée, vous avez tendance à vous laisser aller à l'abattement, vous pouvez aller chercher dans votre moitié réactive l'énergie qu'il vous faut pour remonter la pente. Inversement, en cas d'impulsivité destructrice, colère, etc., vous pouvez rentrer dans la coquille de votre moitié passive et vous tenir bien à l'abri en attendant que l'orage soit passé. Graine de femelle et germe de mâle, il n'y a pas de quoi s'en offusquer, mais plutôt d'en tirer parti. C'est ainsi que la faiblesse peut devenir la force, sans renier sa douceur ni sa féminité.

CQFD !

Mal-être dans son corps, mal-être dans sa tête sont les conséquences de l'ignorance de soi.

Elle, lui et votre esprit

le mental négatif   **l'esprit**   **le mental positif**

Votre corps physique et votre corps d'émotion, le mental, sont sous la dépendance de leurs tendances. Pile et face, vous êtes les deux revers d'une même médaille. C'est ce qui explique l'ambiguïté humaine. L'intellect (ou le mental) est le partenaire indissociable des cinq sens, c'est-à-dire de votre corps. Sans son fonctionnement, pas de reconnaissance de vous-même et de ce fait, retour en direct à la case du monde animal.

Votre esprit, quant à lui, ne doit pas être confondu avec le couple corps-mental. La matière subtile de l'esprit dont nous parlons en yoga n'a pas d'appartenance avec la matière grossière de ce que nous appelons la sensibilité émotionnelle. Et si son influence passe par le cerveau, comme au travers d'un filtre, elle n'en dépend pas complètement. Consciente des difficultés engendrées par les désirs et les répulsions, les plaisirs et les déceptions, vous

CHAPITRE 2

décidez à l'instant même de faire le choix d'une nouvelle manière d'exister. Là, vous l'avez compris, ce n'est plus le moment de donner dans la paresse. En vous permettant d'analyser et de comprendre votre fonctionnement, le premier chapitre de ce livre vous a fourni les repères suffisants pour être en mesure de reconnaître en vous les amis et les ennemis de votre bien-être. Entre les différentes manifestations du couple corps-mental, telles que la dispersion et la concentration, l'énergie et la mollesse, dans l'enchaînement incessant de nos contradictions, se trouve le juste équilibre de l'esprit.

Restez humble

Ce n'est pas parce que vous apprenez à devenir le chef qu'il faut négliger les ouvriers à l'œuvre de votre vie.

L'usine à fabriquer la vie

L'énergie vitale se renouvelle à chaque instant dans vos cellules, ou au contraire diminue en cas de défaillance. En fait, la vie se fabrique ou dépérit à chaque seconde en vous.

Si l'on compare le corps à une usine, les cellules sont les ouvriers dont le mental intellect est le sous-directeur. Mais la direction générale réside en votre esprit. C'est lui qui sait en toute vérité ce qui est bon pour vous ; il vous faut assurément l'écouter pour transmettre fidèlement ses messages à l'ensemble de votre être. N'en doutez pas, c'est là le seul moyen d'être véritablement bien.

Une juste récompense

Lorsque le corps et l'esprit se sont compris, ils vous en remercient en vous rendant la vie heureuse.

Qui dit nourriture matérielle dit nourriture spirituelle

Ça cogite, ça cogite ! Bravo, je n'en attendais pas moins de vous. Mais quand on dépense de l'énergie, il faut mettre du carburant, celui-ci doit convenir à votre fonctionnement.

Un bon **carburant**

Pas de recette miracle, si vous voulez être et rester en bonne santé, il faut apprendre à vous nourrir correctement. Si je vous parle d'apprentissage, c'est parce qu'une paresseuse rechigne souvent à cuisiner. Ce qu'il lui faut, c'est du vite fait et du tout préparé. Alors là, ça ne va pas du tout. Ni le corps ni l'esprit n'apprécient ce mode de vie à l'opposé des bons principes alimentaires.

Le meilleur

Abusez de tous les légumes et tous les fruits que vous aimez, mangez des céréales pour vous dynamiser et buvez de l'eau pure pour vous alléger. Ajoutez un peu d'huile d'olive bio première pression à froid, de l'ail et des plantes aromatiques régulièrement. Vous pouvez boire des tisanes et du thé vert à volonté.

Les bonnes conditions

La bonne humeur au moment des repas, la régularité et le temps accordé, sont les facteurs de bonnes digestion et assimilation.

CHAPITRE 2

Le pire
Évitez les aliments industriels – donc trafiqués – les sucres, les huiles et farines raffinés. N'abusez pas des charcuteries et des laitages. Ne buvez pas d'alcool.

Prenez garde !
Les discussions un peu chaudes à table et la précipitation surchauffent votre bol digestif et grillent votre belle énergie.

Entre les deux
Reste l'éducation alimentaire qu'il faudrait peut-être revoir ou améliorer. Cela dépend aussi de votre métabolisme. Respectant votre santé, n'hésitez pas à faire le point et à rectifier si besoin est.

Les indispensables
- Le citron parce qu'il désinfecte l'organisme.
- La carotte et la pomme parce qu'elles « vitaminisent » et piègent le cholestérol.
- Le basilic parce qu'il harmonise les fonctions organiques entre elles.
- L'artichaut parce qu'il est votre allié minceur.
- Le chou parce qu'il « guérit » tous les petits maux.

En yoga, la consommation de la viande est très controversée, parfois déconseillée, d'autres avis peuvent être neutres. Là encore, c'est une question de culture.

En revanche, les œufs des poules s'ébattant librement sont très énergétiques et vecteurs d'un excellent équilibre nutritionnel.

Soignez votre mental

Revenons au mental, avant de devenir posée, calmement intelligente, dotée d'une vision claire et donc bénéfique à soi-même tout autant qu'aux autres, il y a un bout de chemin à parcourir.

La sagesse n'est pas une question d'âge, mais il est préférable de s'engager dans l'escalade d'une montagne quand on dispose d'un maximum de moyens, c'est-à-dire le plus tôt possible. Le mental discute énormément, même celui des paresseuses ne laisse aucun répit. Sa vue est limitée à ses *a priori,* à sa propre vision des choses et c'est de cette manière qu'il vous emmène dans sa galère. Erreurs, désillusions, chagrins, souffrances sont les cadeaux offerts par la confiance que vous accordez aux jugements de votre mental.

Le mental est la fonction de votre petit ego chéri. L'ego et le mental ne font qu'un.

Alors, à qui se fier ? Mais voyons, à la direction générale, au plus haut du plus haut en vous, à votre esprit, bien sûr !

CHAPITRE 2

Hatha yoga, le yoga du corps

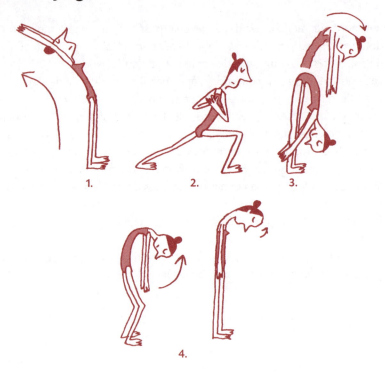

Debout, les jambes jointes, les bras le long du corps, inspirez et expirez par le nez.

1. Inspirez en élançant les bras au-dessus de votre tête, poussez votre bassin vers l'avant sans cambrer et étirez fortement le haut du buste vers l'avant et vers le haut en portant vos bras un peu en arrière de votre tête.

De cette manière, vous formez un arc tout en laissant la région lombaire dégagée de toute contrainte.

2. Expirez en faisant un large pas en avant, jambe fléchie, buste légèrement penché. Les bras se réunissent derrière le dos et vos mains se joignent entre vos omoplates. La jambe arrière est tendue et les pieds parallèles.

Maintenez cette posture le temps de 4 allers et retours respiratoires sans vous contracter. Vous avez ainsi le temps d'établir une position correcte.

3. Inspirez et, à l'expiration, vos jambes se rejoignent et votre buste se penche en avant le plus bas possible. Vos bras entourent vos jambes, si vous le pouvez, sinon, posez vos mains sur vos genoux. Maintenez la tête légèrement relevée pour éviter un flux de sang trop puissant.

4. Effectuez la remontée en fléchissant les jambes et en arrondissant le dos. Dénouez vos bras et redressez-vous lentement en gardant la tête baissée jusqu'à ce que vous soyez complètement remontée. À ce moment seulement, relevez complètement votre tête.

Imaginez...

Comparez la personne que vous êtes à une grande maison.

La porte d'entrée s'ouvre sur la connaissance de soi. Au rez-de-chaussée, vous trouvez la cuisine, la salle de bains-toilettes, la salle à manger, le salon de réception et la loge de garde. C'est le niveau des activités habituelles. Ah, j'oubliais, il y a une petite chambre de paresse réservée à celles qui ne veulent pas monter les escaliers.

À l'étage sont répartis les bureaux et les chambres à coucher, les premiers avec vue sur la rue, les autres sur le jardin. Les bureaux sont occupés par les raisonnements, les jugements, le classement du passé et la multitude des pensées. Les chambres abritent les rêves. C'est l'étage du mental qui, à l'état de veille ou de sommeil, est toujours en activité, que vous en

CHAPITRE 2

ayez conscience ou non. Et ne me dites pas que vous ne rêvez pas ! Il est possible que vous n'en conserviez aucun souvenir, mais quoi qu'il en soit, vous rêvez.

Au-dessus, à l'étage supérieur, se situe le plus bel endroit de la maison. On y accède par un escalier très étroit, difficile à monter et qui n'en finit pas de tourner. Il faut prêter beaucoup d'attention à l'escalade des marches très hautes si l'on veut éviter de trébucher, glisser ou se cogner.

Au bout du compte, arrivée sur un petit palier, se trouve devant vous une porte en ogive. Encore faut-il maintenant ne pas avoir oublié la clé, sinon, tout le chemin est à refaire. De toute façon, la merveilleuse découverte qui vous attend dans ce lieu vaut bien la peine de faire quelques efforts. Vous vous trouvez dans une pièce ronde ornée d'une coupole ouverte sur le ciel. Le jour, des flots de lumière tamisée par les fins vitraux étendent leurs reflets de soleil en poudre d'or sur les murs. La nuit, des gouttes de cristal échappées des étoiles éclairent la conscience du lieu. Si l'on médite en ces instants, la vie de l'esprit se nourrit. Ce qui revient à dire que votre esprit, jour et nuit, se tient prêt pour les quelques instants de concentration ou voyage au centre de vous-même que vous acceptez de lui octroyer. Souvenez-vous qu'il s'agit ainsi de vous rapprocher du meilleur, alors ne faites pas la grimace quand je vous parle de méditation.

Votre alliée

Quelle est la clé de tous vos problèmes ?
C'est la concentration.

Et si vous faisiez la paix dans votre esprit ?

Tant que les pensées dispersées s'agitent dans le bocal du cerveau, vous ne vous sentez pas à l'aise. Il y a toujours quelque chose qui vous ennuie, vous agace ou vous gêne. C'est ce que l'on appelle le manque de concentration. Notre culture occidentale encourage les sautes d'humeur du mental : tant de choses lui sont proposées avec la promesse du bonheur qu'il n'en finit pas de courir d'une sollicitation à une autre. Vous passez ainsi de petits plaisirs en grandes déconvenues, de brèves satisfactions en fréquentes aspirations, aussitôt remplacées par de nouvelles idées.

Ce fonctionnement rappelle celui d'un singe bondissant de branche en branche avec le regard interrogateur. À la fin de la journée, il se couche et recommence le jour suivant. Au moment de mourir, il ne sait toujours pas ce qu'il cherchait...

La concentration prépare le nid douillet du mental apaisé. Le yoga exerce le mental à la concentration.

La nature pure et subtile de votre esprit se nourrit d'elle-même. Elle n'a besoin de rien d'autre que de nourriture spirituelle. Elle est votre nature véritable, l'authenticité de la personne que vous êtes. C'est en elle qu'il vous faut aller chercher vos références et vos aspirations, sans crainte de vous tromper ni de vous perdre.

CHAPITRE 2

Le yoga de l'esprit : **la concentration**

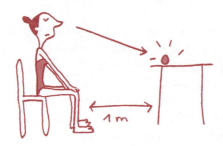

Prenez un œuf, oui, vous avez bien lu, un œuf de poule tout simple. Vous n'en avez pas ? Bon, il faut vous en procurer un.
Asseyez-vous comme il convient de le faire en yoga (voir chapitre 1), votre œuf posé sur une table à environ 1 mètre devant vous, au niveau de votre regard.
Posez les yeux sur lui et fixez-le sans vous crisper.
Le yoga de la concentration demande que vous restiez détendue et tranquille, appliquée seulement à regarder votre œuf. Cet exercice est dénué d'intention, donc il ne fabrique pas d'émotion. Vous n'avez aucune question à vous poser au sujet de l'œuf, il n'est que le support habile de votre concentration.
Au début, les yeux vont peut-être couler ou piquer. N'y prêtez pas attention, restez le plus possible dans la stabilité de l'exercice. Furieux d'être contraint de se poser en un seul point, c'est-à-dire sur l'œuf, votre mental va, suivant son habitude, tenter par tous les moyens de déstabiliser le fragile équilibre que vous vous efforcez de maintenir en place. Étant avertie, vous saurez résister à ses assauts et demeurer sans agressivité, tout en laissant passer la foule agitée des pensées qui se bousculent vers

la sortie. Imperturbable, votre regard reste posé sur l'œuf, les pensées passent et se diluent puisqu'elles ne sont pas retenues. Il n'y a rien à juger, rien à analyser et rien à démontrer.

Conseils

Pour commencer, exercez-vous ainsi 5 minutes, puis augmentez le temps progressivement, jusqu'à 30 minutes. Actuellement, vous êtes loin d'imaginer les incommensurables bienfaits de cette pratique, c'est pourquoi il faut en faire l'expérience par vous-même.

Les bienfaits de la concentration

- Cultive l'attention qui disperse la confusion, nettoie les pensées et rend les idées claires.
- Renforce la mémoire, améliore les réflexes et développe la capacité de précision.
- Vous donne rendez-vous avec le bien-être du corps et le bonheur du cœur.
- Donne accès au calme mental qui s'ouvre sur votre nature véritable, la sublime nature de votre esprit.

Les obstacles à la concentration

- Se laisser accaparer par les éléments extérieurs : objets de séduction, activités incessantes. J'ai bien dit « accaparer », tout est question de mesure, comprenez-le bien comme cela et non comme une incitation au retrait total des choses que vous aimez.
- Se laisser entraîner dans des conversations futiles. Les bavardages intempestifs conduisent toujours à la critique, au mensonge et surtout à l'éparpillement de la stabilité mentale, donc au bien-être de l'esprit.

CHAPITRE 2

• Se laisser aller à la paresse qui refuse l'aide de votre détermination parce qu'elle se sent plus forte : elle vous interdira toujours d'être véritablement heureuse.

Et si vous voyiez les choses autrement ?

Au nom de notre récente amitié, je me suis engagée à ne rien vous cacher, mais aussi à ne rien vous imposer. Parole tenue, vous êtes d'accord. Conseils amicaux, suggestions bienveillantes, illustrent nos échanges sans qu'il y ait jamais l'idée de vous forcer à y adhérer. Je brosse un tableau général des principes de vie concernant tous les plans de l'être, parce qu'on ne peut séparer le corps de son esprit. Tout cela relève de la plus grande normalité.

Depuis notre plus tendre enfance, nous entendons surtout et peut-être même seulement parler du corps et de ses relations avec le monde extérieur. Côté intellect, l'éducation met le paquet et ce n'est pas si mal au fond.

Côté santé, à force d'en entendre parler, les névroses hypocondriaques se sont surdéveloppées. À notre époque, le côté cœur est dépassé par le côté sexe qui, s'étant libéré, se croit donc tout permis.

Vous qui revendiquez votre liberté d'expression, que pensez-vous de l'emprise du dieu du Corps qui règne sur toutes les générations confondues ? Voyez-vous les ravages commis dans les esprits par la surdimension de l'image, la survalorisation de l'ego ? Comprenez-vous, en lisant les journaux, en écoutant les infos, combien le culte de soi pousse à sa propre perte ? Voilà pourquoi, au travers de nos confidences, je vous livre les secrets d'une vie différente, fondée sur une autre manière de voir les choses et les êtres, et de penser son existence. En parcourant les erreurs les plus sévères, en découvrant les moyens de ne plus les reproduire, on parle de votre forme à vous.

Être en forme, ça veut dire quoi ?

- « Avoir la pêche ! » Ce qui tente d'exprimer tout et n'importe quoi.
- « Être au top ! » Cette expression réduit toutes les chances de trouver ses repères.
- « La jouer fun ! » Même pas drôle.
- « Faire djeun's ! » À 20 ans, ça va, mais en principe, ça vous prend beaucoup plus tard, hélas.
- « Être cool ! » Facile à dire, quant à l'être vraiment...
- « Déchirer ! » Soi-disant produire le meilleur de soi-même, tu parles d'une expression pour une motivation !
- « En vouloir ! » Et pourquoi donc autant ?
- « Tout bouffer ! » Gare aux indigestions et aux empoisonnements.
- « Être la prem's ! » C'est détourner la question.
- « Avoir du pep's ! » Ça oui, si c'est pour le mettre au profit d'une bonne et juste vie.

Votre forme vous appartient

Mieux que personne, vous savez ce qui vous convient. Ne cédez pas à la pression des phénomènes de mode en vous serrant la ceinture si fort qu'au lieu de posséder une jolie taille bien tournée, vous devenez une zombie sans douceur.

CHAPITRE 2

La vraie beauté ne s'évalue pas à partir de critères établis. Quels que soient vos traits ou votre apparence, ce qui attire en vous, c'est votre regard amical, votre sourire accueillant et votre voix aimable, le tout issu d'un esprit bienveillant. Ce qui plaît en vous, c'est l'attention que vous portez aux autres, la disponibilité de votre écoute, vos paroles encourageantes, votre présence rassurante, vos gestes généreux. Ce qui séduit en vous, c'est votre dynamisme, votre moral d'acier et votre joie d'exister. Il est bien préférable de vous soucier d'apprécier ces valeurs plutôt que ressembler à une souris anorexique. Dans tous les cas, vous serez mieux dans vos baskets que dans les escarpins d'une autre.

Êtes-vous tourmentée par votre poids ? Cette question en appelle une autre : connaissez-vous votre poids de forme ? Suivant vos gènes, votre métabolisme, vos habitudes alimentaires, votre âge et votre mode de vie, vous disposez d'un capital « poids » que vous entretenez ou contre lequel vous luttez. Mais quels que soient les subterfuges employés – tels les régimes sauvages ou les traitements de tous ordres – l'organisme reviendra tôt ou tard à son poids de forme. En vous infligeant beaucoup de privations, en vous martyrisant parfois, en vous intoxicant souvent, vous épuisez votre énergie vitale qui reprend le dessus en « profitant » deux fois plus à la moindre relâche. Alors faites un bilan raisonnable et à partir de ces indications, trouvez et respectez votre poids de forme.

La forme, un sujet qui peut fâcher

On n'a pas le même poids à 20 ans qu'à 50. Dans l'intervalle, il y a bien des variantes.

• Se priver de tout ce que l'on aime est une erreur, le stress que la privation engendre vous le fera cher payer.

• Rien n'est plus délicieux que la juste mesure, ni trop, ni trop peu laisse le désir vivant et le plaisir intact.

- Les acharnés de l'entretien physique portent les marques de leurs excès. Il en va de même pour les rebelles à l'effort.
- « En forme ? » Cette parole prononcée à tout va mérite d'être longuement réfléchie : en forme de quoi ?
- « Alors, la forme ? » De toute façon, cette question n'attend jamais de réponse, puisque, à peine posée, on passe à autre chose. Autrement dit, tout le monde s'en fout !
- Méfiez-vous de ceux qui vous promettent monts et merveilles. On troque difficilement ses formes à la Rubens pour un corps de nymphe évanescente. Sinon, ça se saurait !
- Frime et forme vont bien ensemble quand suer sang et eau sur un engin à fabriquer les muscles ne sert qu'à camoufler ses défauts. À force de s'y employer, on en oublie ses qualités.
- Faire de la gym, c'est génial ; se faire masser, c'est super. S'occuper de soi est une nécessité qui comporte cependant un grave danger : celui de tomber éperdument amoureuse de son petit ego, et alors là, le seul espoir d'être bien est anéanti.
- Oh ! et puis, après tout, le corps est-il si important qu'il faille lui consacrer toutes ces pensées ?

CHAPITRE 2

Le fond et la forme

Imaginez : vous êtes un très beau vase en terre, en or ou en cristal. Sa forme harmonieuse décrit deux petites anses admirablement moulées de chaque côté.

Vous êtes debout, jambes et pieds collés. Le dos et la tête bien droits, vos poings fermés sans tension sont posés contre votre taille, les coudes décollés comme écartés vers l'avant. Dans cette position, respirez calmement en vous identifiant au vase que vous avez choisi. À chaque inspir, le vase (votre corps) se remplit d'énergie pure ; à chaque expir, le vase se vide, libérant l'espace corporel de l'énergie utilisée.

Conseils

C'est un exercice détoxicant qui vous fait employer la forme et le fond à l'unisson.
À pratiquer quelques minutes tous les jours.

Comment vous trouvez-vous ?

Je veux dire pas seulement physiquement, mais sur tous les plans. Quelle impression globale avez-vous de vous-même ?

Ça vaut le coup d'y réfléchir, parce que votre ressenti exerce une forte influence sur le déroulement de votre existence.

Si vous vous plaisez, il vous sera facile de plaire aux autres. En revanche, si vous êtes bourrée de complexes, vous penserez avoir beaucoup de mal à séduire et serez incapable de reconnaître le bel effet que vous produisez. Encore une fois – je le souligne – votre appréciation née de vos projections crée le climat dans lequel vous évoluez et les conditions favorables ou non au déroulement de la situation. L'intérêt de bien vous connaître est d'effacer de votre mental les idées polluées que vous entretenez à votre sujet. Ces images négatives sont de deux ordres : survalorisantes et dévalorisantes. Les idées justes apparaîtront quand vous commencerez à faire le ménage en vous.

Choisissez bien votre modèle

L'image de soi repose sur un modèle. Fouillez votre mental et vous le trouverez. Issu de vos désirs d'exister de telle ou telle manière, le choix peut être multiple et varié. Un peu de Marilyn pour la moelleuse blondeur et la paresse appétissante, beaucoup de Madonna pour le corps explosif et la volonté d'acier, un peu de ci, un peu de ça, et vous voilà dans une image construite de toutes pièces. Autant dire qu'il n'est pas facile de vivre avec un autre soi, surtout quand il n'a rien à voir avec vous. Cependant, vous vous accrochez à cette construction, certaine de voir en elle l'aboutissement de votre projet de vie. Tant de puérilité serait seulement déconcertante si elle n'était pas si catastrophique pour vous.

CHAPITRE 2

Ne vivez pas cachée derrière une image

Les masques que nous portons nous trompent douloureusement en même temps qu'ils nous perdent.

Soyez vous !

Il semble que vous soyez paresseuse là où vous voulez l'être, parce qu'entretenir une image dans le seul but de paraître et de plaire demande beaucoup, mais alors beaucoup d'énergie. Rassurez-vous ! Vous avez tout de même l'excuse de n'avoir jamais fait le chemin qui vous permet de découvrir votre beauté réelle, vos nombreux talents et les infinies possibilités de réussite et de bonheur que vous laissez dormir.

Il faut vous rencontrer autrement et c'est justement ce que vous faites lorsque vous analysez votre fonctionnement. Il vous faut ensuite résister au perfide réflexe qui vous fait thésauriser chaque instant, chaque expérience et chaque objet. Apprenez à aimer les efforts dérangeant vos vieilles habitudes mitées. À peine amorcée, la transformation vous rendra plus légère, plus disponible à votre vraie vie, plus ouverte à la liberté. Maintenant, j'ai une bonne nouvelle pour vous : je vais vous révéler un de mes secrets d'amitié. Comme leur nom l'indique, ils émanent des sentiments bienveillants que je vous porte.

Secret d'amitié n° 1 : être soi-même

Délivrez-vous des images factices et tant pis si vous transformez radicalement celles que les autres veulent avoir de vous. N'ayez pas peur, ce faisant, vous ne perdrez rien d'autre que des illusions néfastes. Tout en cultivant les valeurs du cœur, exposez-vous sans crainte dans votre vérité, parce qu'une fois « démaquillée », vous serez tellement plus en accord avec vous-même et le monde entier.

COMMENT RENDRE VOTRE CORPS ET VOTRE ESPRIT HEUREUX

Bien en soi

Être bien en soi grâce à la souplesse du corps, à l'esprit délié et ouvert est la meilleure façon de pouvoir s'affirmer. Voici donc un ensemble d'exercices subtilement comportementalistes qui, au travers des mouvements d'étirements, vous conduit à l'attitude visée : le repositionnement du bien-être en soi.

1. Asseyez-vous en tailleur, ou en lotus ; inspirez en croisant vos bras devant le buste, de manière à ce que la main droite aille toucher le genou gauche et inversement.

2. Puis en expirant, plongez votre buste lentement vers l'avant. L'idéal est que votre tête se pose sur vos pieds. Maintenez ensuite cette posture le temps de quelques allers et retours respiratoires, le temps de réfléchir au sens de ce que vous êtes en train de faire.

3. Puis, toujours penchée en avant, inspirez et expirez en remontant, en projetant cette expiration comme une libération, bras et tête élevés vers le ciel.

CHAPITRE 2

4. Inspirez alors en tournant le buste légèrement vers votre jambe droite que vous repliez sur le côté en montant le genou : le pied reste bien à plat sur le sol.

5. Puis expirez en étendant la jambe sur le même côté, en demi-écart. Étirez votre buste dans la direction de votre jambe en poussant le bras droit en avant pour faciliter le mouvement d'étirement.

6. Inspirez à nouveau en redressant le buste et faites la même chose avec la jambe gauche.

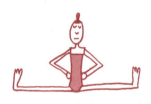

7. Un fois les jambes ouvertes de chaque côté, relevez vos pieds en position flexe (plantes de pieds redressées, orteils pointés vers le ciel). Sentez-vous bien assise dans vos racines, le dos redressé, la tête droite, puis inspirez en repliant les bras, poings fermés contre la taille, et à ce moment, expirez largement. Restez dans cette position quelques instants, immobile et sereine, consciente de la force dans votre dos et dans vos jambes, et transposez cette attitude à l'image du positionnement psychologique que vous adoptez dans votre propre vie. Les fondements sont solides, l'architecture est harmonieusement souple, sans problème on peut se sentir bien chez soi.

L'estime de soi, un état d'être

Que se passe-t-il lorsqu'à partir d'une mauvaise image de soi, l'estime n'est plus là ? La réponse est claire : tout déraille !

L'image est une projection que l'on regarde, admire ou rejette, elle régente les relations que vous entretenez avec votre monde extérieur, dont le corps-mental est le fondement. L'estime de soi est un ressenti, une perception si forte qu'elle produit même des sensations. De quel ordre ? Bien ou mal-être, tout simplement. Sous – ou sur – estime de soi, et voilà le précaire équilibre qui bascule dans le vide. Tant que l'esprit n'est pas stabilisé, les sentiments envers vous-même peuvent agir malencontreusement de manière chronique. Passant de l'état de valorisation à celui de dégradation, vous pouvez même arriver à aimer le vertige des montagnes russes produit par la confusion de vos perceptions.

Ce petit développement explique bien la nécessité de commencer par le commencement, c'est-à-dire les fondements, sans lesquels la maison, un jour, s'écroule.

Lorsque l'image est bien construite, elle engendre un état d'être qui est l'estime de soi. Sachez donc vous reconnaître et vous apprécier telle que vous êtes. Sachez vous satisfaire de ce que vous avez et ne vous privez pas de remercier l'énergie de la vie pour ce qu'elle vous offre déjà. Prenez conscience qu'il ne tient qu'à vous de vous améliorer et qu'à partir de l'existant, vous pouvez tout transformer, rénover, régénérer. Ne croyez pas au hasard, il n'existe pas. Les conditions de vie qui sont actuellement les vôtres sont particulièrement propices à votre évolution. Investie d'une confiance en vous désormais équilibrée, prenez les choses du bon côté et vous serez agréablement surprise. C'est uniquement votre nouvel état d'être qui produit une nouvelle réalité. Appréciez, estimez et respectez les autres autant que vous-même et vous verrez ce que vous gagnerez en retour.

CHAPITRE 2

Que fait le yoga pour renforcer l'estime de soi ?

- Il vous met en relation directe avec vous-même.
- Il vous aide à entendre les messages intérieurs.
- Il vous rend plus belle : à tous les points de vue.
- Il vous soutient dans vos efforts de volonté.
- Il vous prouve à vous-même que vous êtes capable de faire un choix, de vous y engager et de vous y tenir.
- Il vous apprend à être humble, qualité essentielle pour équilibrer la démesure de l'ego.
- Il vous réconcilie si besoin est avec votre corps.
- Il vous aide à vous accepter.
- Il vous montre l'étendue de vos capacités.
- Il vous permet d'être présente en toute conscience de vos atouts.
- Il vous exerce à sourire de tout votre être.
- Il vous facilite les choses en déliant les contraintes corporelles et en ouvrant votre esprit.
- Il vous donne confiance en vous.
- Il vous rend plus performante.
- Il vous éclaire sur les vraies valeurs.
- Il vous fait respecter votre corps sans en devenir esclave.
- Il vous pousse à atteindre vos objectifs.
- Il vous donne le courage de changer ce qui doit l'être.
- Il vous soutient dans toutes vos démarches.
- Il vous fait dépasser vos limites.
- Il vous offre un regard neuf sur la vie.
- Il vous fait renoncer à votre paresse pour toujours.

COMMENT RENDRE VOTRE CORPS ET VOTRE ESPRIT HEUREUX

Le plaisir en partage

Les discours un tant soit peu philosophiques ou spirituels n'engagent pas au culte du plaisir. La recherche des satisfactions devient névrotique lorsqu'elle occupe tout l'espace des préoccupations du corps et de l'esprit. Cependant, la notion du plaisir ne doit pas être refoulée, mais doit occuper sa juste place pour être réhabilitée. Autrement dit, il est nécessaire et même positif de ressentir du plaisir : tout dépend du motif et de la mesure.

Plaisir... Enfin un mot séduisant, pensez-vous. Séduisant, pourquoi pas, mais de quel plaisir parlons-nous ? Prenons un exemple. Dans notre relation fondée sur le yoga, pour que le plaisir puisse exister, il doit être partagé. Si par exemple vous vous bornez à lire ce guide sans mettre en application dans votre vie quotidienne les principes du bien-être qui vous sont proposés, vous ne pourrez jamais réaliser l'union parfaite entre le corps-esprit et l'énergie de la vie. C'est pourquoi avant même de vous rencontrer au fil de l'écriture, j'ai fondé notre future relation sur la confiance, celle que je place en toute paresseuse pour qu'un défaut devienne une qualité.

Le plaisir... pas si innocent que ça

Le plaisir, quel qu'il soit, est de courte durée. Il est insignifiant s'il n'est pas partagé, il laisse des regrets s'il n'est pas renouvelé et il s'autodétruit s'il devient le but de la vie.

N'attendez rien en retour

Le plaisir, comme le reste, est passager. Pour qu'il laisse un goût de bonheur, il doit se tenir à la source d'un pur sentiment. Que vous donniez votre aide, votre temps, votre argent, votre amitié ou votre compassion, faites-le sans espoir de gagner quoi que ce soit en retour. Faites-le pour le plaisir de le faire... et c'est tout !

CHAPITRE 2

Lorsque quelqu'un obtient des avantages, réussit ses affaires ou vit un amour merveilleux, même si ce n'est pas votre cas, réjouissez-vous sincèrement en unissant votre plaisir au sien. Si une personne occupe une place qui vous paraît être la vôtre, n'en concevez pas d'amertume ; pour une raison ou pour une autre, c'est comme cela, c'est tout. Sans doute vous reste-t-il des causes bénéfiques à rassembler avant de pouvoir atteindre le succès espéré. Employez-vous à le faire et pour commencer, débarrassez-vous de l'envie et de la jalousie. Vous verrez quel plaisir vous attend après une telle victoire !

Soyez modeste

Ne pensez pas tout savoir et tout connaître, les autres et l'existence ont bien des choses à vous apprendre. L'orgueil ignore le plaisir d'être simple et votre ego vous en prive.

COMMENT RENDRE VOTRE CORPS ET VOTRE ESPRIT HEUREUX

Et si vous faisiez **du yoga à deux ?**

Pour pratiquer le yoga en duo, ce qu'il vous faut, bien entendu, c'est un ou une partenaire. N'hésitez pas à proposer à l'homme de votre vie (ou du moment !) ou à votre meilleure amie (paresseuse ou non !) un rendez-vous yoga. S'ils en sont à mille lieues, osez leur montrer ce que vous savez et faites votre petit effet. L'étonnement passé, l'aventure leur plaira, si vous-même n'en doutez pas.

Vous voyez, encore une fois, tout dépend de vous.

S'exercer en duo comporte bien des avantages. À deux, c'est plus stimulant, et puis, c'est plus rigolo.

L'union fait la force, c'est bien connu !

Le yoga en duo renforce les sentiments durables et multiplie l'énergie.

Le yoga **en partage**

Conseils

Les 4 exercices suivants peuvent être pratiqués autant de temps qu'il vous plaira. Ne doutez pas du bienfait unique de leur pouvoir de rapprochement, de réconciliation et de communication authentique.

Le partage du souffle

Avec votre partenaire, asseyez-vous sur le sol dos contre dos; les jambes repliées devant vous sont enserrées par vos bras. Observez votre respiration – elle doit être régulière : tout en accordant votre rythme à celui de l'autre. Inspirez et expirez ensemble.
C'est ici que s'exerce le partage du souffle. Peu à peu, une douce chaleur vous envahit, passant de votre dos au sien, créant un rapprochement bienfaisant. Le corps et l'esprit se détendent... enfin.

Le partage du silence

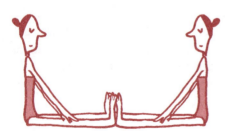

Installez-vous face à face, jambes allongées devant vous, les pieds flexes, les plantes de vos pieds appuyées contre les plantes de pieds de votre partenaire. Les mains posées sur les genoux, les dos sont maintenus très droits et les regards baissés.
Portez l'attention uniquement sur la plante de vos pieds joints.

Avec cet exercice, de deux choses l'une, soit vous devenez capable de vous calmer, de vous concentrer et d'en retirer du plaisir, soit vous vous agitez, vous éclatez de rire, vous vous parlez et dans ce cas, même si c'est amusant, vous passez à côté d'une sacrée récolte de bien-être.

Le partage du mouvement

Installés de la même façon que précédemment, prenez les mains de votre partenaire puis attirez son buste vers vous en vous penchant légèrement en arrière.
Faites la même chose tour à tour vers l'avant et vers l'arrière en accordant vos souffles aux mouvements.

Conseils

Le fait de vous tenir les mains en vous abandonnant l'un à l'autre installe une complicité doublée de confiance.

CHAPITRE 2

Le partage de l'énergie

Face à face, assis en tailleur, vos bras sont relevés devant votre poitrine, les paumes des mains face à votre partenaire dont les mains reposent sur les genoux.

Inspirez en concentrant votre énergie vitale dans la paume de vos mains, en ayant vraiment le désir de rassembler le meilleur de vous-même.

Puis expirez en pensant fortement que vos mains libèrent une énergie de vie semblable à une onde bienfaitrice qui se dirige et pénètre dans le cœur de votre partenaire.

Faites cela le temps de 3 allers et retours respiratoires en vous concentrant bien. Puis changez de rôle et, à votre tour, laissez-vous imprégner de l'énergie positive qui vous est donnée.

Le meilleur de vous-même n'est plus très loin...

On ne peut éprouver du plaisir à vivre qu'en partageant le meilleur de soi avec les autres. L'égoïsme et le repliement conduisent à la maladie et à la déchéance morale.

En vous donnant l'occasion de prendre un peu de recul vis-à-vis du monde extérieur et ses agitations perturbatrices, le yoga vous rapproche du meilleur de vous-même. Du plaisir retiré, n'hésitez pas à me donner des nouvelles !

DIX PETITS PLAISIRS POUR ÊTRE HEUREUSE

1. Le chant d'un oiseau au milieu des bruits de la ville.

2. Le fumet de la terre après la pluie dans la campagne ou dans les jardinières du balcon.

3. Les mouvements de la nature visibles dans les arcs-en-ciel, les nuages et le parcours des astres.

4. L'odeur des confitures qui cuisent dans la maison familiale ou dans la kitchenette de son studio.

5. La perfection du corps d'un papillon, la grâce d'une biche traversant les champs, l'envol d'une chouette effraie qui porte son cœur sur son visage, le bruit de la rue d'une ville qui s'éveille.

6. L'exquis parfum et la beauté des roses.

7. Le temps dont on dispose, la liberté des choix et les moyens d'utiliser ce qui est à notre portée.

8. Le sommeil qui repose et le réveil qui engage chaque jour dans une vie meilleure.

9. L'aventure passionnante qu'est la découverte de soi.

10. Le plaisir infini de consacrer sa vie à donner du plaisir aux autres.

chapitre 3

Comment sculpter votre corps
(et votre esprit par la même occasion)

COMMENT SCULPTER VOTRE CORPS (ET VOTRE ESPRIT PAR LA MÊME OCCASION)

« La salutation à la Lune, c'est dans ce chapitre ? »

Salutation au Soleil, pas à la Lune ! Il y a du boulot ! Et si vous faisiez une formation (en accéléré, bien sûr !) ?

Comment **tout savoir sur le yoga**
en moins de 300 mots

Considérée comme étant celle des dieux, la langue sanskrite transmet une part de ses messages ouvertement pour n'en révéler l'autre part qu'aux initiés. Ainsi le mot *yoga* contient l'idée d'un lien entre deux parties dépendant l'une de l'autre, dont l'une serait immédiatement saisissable, l'autre restant à déchiffrer. De même, nous « marchons » ensemble, le corps avec l'esprit, plus ou moins dans l'ignorance de l'unité fondamentale qui les rassemble le temps d'une existence.

Le pouvoir du yoga est justement de nous ramener à l'origine de nousmême pour nous permettre de goûter aux délices de l'équilibre du corps et de l'esprit unis. Tout savoir sur le yoga, c'est comprendre notre indivisibilité (l'erreur la plus fréquente est de considérer le corps d'un côté, l'esprit de l'autre), en devenant consciente de nos pensées et de nos actes, pour être en mesure d'entreprendre les efforts qui font entrer dans le secret des dieux.

Surtout, ne me dites pas que cela ne vous intéresse pas, je ne peux tout de même pas imaginer que vous ne possédiez pas une once de curiosité vous poussant à explorer le propre territoire de votre vie. Lire est certainement

83

très utile, parler ensemble aussi, mais rien ne sera aussi passionnant que votre expérience personnelle.

Le yoga est une discipline qui doit être joyeusement consenti par ses pratiquants. Il n'est ni une religion, ni une porte ouverte sur un esprit sectaire. Sa pratique vous offre un pouvoir d'action autonome et ses enseignements un enrichissement bénéfique à vous-même et à votre entourage.

Pourquoi? Parce que le yoga vous apprendra la tolérance et le respect, le courage et le calme, ainsi que la compréhension et l'acceptation des différences.

Pratiquer le yoga, c'est faire briller le Soleil dans la nuit

La souplesse et la beauté du corps dépendent de la grâce infinie de l'esprit. Pratiquer le yoga, c'est devenir artiste de soi-même. Qui n'a pas rêvé un jour de recréer le monde à l'intérieur de soi pour le rendre conforme à sa vision du bonheur?

La différence entre une simple pratique gymnique et le yoga est la mise en œuvre par vous-même de l'énergie de votre esprit au service de celle de votre corps et de votre vie.

COMMENT SCULPTER VOTRE CORPS (ET VOTRE ESPRIT PAR LA MÊME OCCASION)

Rencontrez la force en vous avec la posture de la montagne, *Tadâsana*

Placez-vous debout au centre de la pièce ou dans n'importe quel endroit où vous vous trouvez. Faites de votre corps le centre de l'univers. Les jambes sont séparées de la largeur de vos épaules, tendues (sans tension), les pieds parallèles. Les bras sont librement placés le long du corps, les épaules dégagées, le dos parfaitement droit. Le bassin est descendu de manière à ce qu'il n'y ait aucune cambrure lombaire : vous devez ressentir par ce placement juste un bien-être, une détente dans le bas de votre dos. La tête est droite et la colonne cervicale bien dans l'alignement de la colonne vertébrale. Portez votre regard droit devant vous, avec tranquillité. Voilà, c'est tout ! C'est tout ? Oui, mais par cette simple posture – qui d'ailleurs est la base de toutes les autres –, vous allez devoir rester immobile, impassible et sereine, comme le sont toutes les montagnes !

Prenez d'abord conscience de la stabilité posturale par vos pieds profondément enracinés dans la terre. Votre souffle calme et vaste s'étire depuis la plante de vos pieds jusque vers la colonne vertébrale qu'il parcourt lentement en allers et retours.

Réalisez l'équilibre parfait qui règne dans votre montagne corporelle. L'immobilité de *Tadâsana* vous donne accès à votre force physique grâce à la perception de l'équilibre stable et du souffle uniforme. Votre mental silencieux se concentre sur la montagne que vous êtes devenue grâce à la posture.

CHAPITRE 3

Le symbole de la montagne

La montagne est la mère symbolique de toutes les femmes. Dans ses flancs larges et puissants, elle porte les enfants du monde. De sa forme élancée vers le ciel, elle conjure les dieux, les priant d'être favorables aux êtres de la terre.
Qu'elle soit himalayenne, des Pyrénées ou des Andes, sa présence dispense le même enseignement :
« Du calme naît la stabilité ; du silence, la tranquillité.
Demeurer là où l'on se trouve, généreusement disponible, dans l'observance des mouvements de la vie pour faire jaillir l'indestructible force qui transforme le temps limité en espace de liberté. »

À chaque posture sa fonction

Les postures de yoga rassemblent l'énergie de concentration : on se met en place, on y demeure et l'énergie devient un pur joyau de vitalité ; puis doucement on se relâche et l'on se retrouve libérée.
Chaque posture exerce une action spécifique sur une fonction corporelle. Pour sculpter son corps tout en finesse, tout en beauté, il faut que l'intérieur soit propre et sain. À partir de bonnes bases, vous pouvez espérer que vos efforts ne soient pas vains. Non, je plaisante ! Vous pouvez être assurée de résultats très engageants.

« Vous avez un nouveau message »

Dans le jardin mythique de la terre pure des dieux, le yoga est l'arbre de la connaissance de soi. Ses racines profondes pénètrent la terre nourricière, faisant monter la sève porteuse du pouvoir de la vie. Son tronc solide et stable se dresse dans l'espace pour mieux épanouir le royal bouquet de ses multiples branches.

Parmi les habitants de cette région céleste se trouvent des artisans, des créateurs, des musiciens et des poètes, des attentifs et des contemplatifs, des bienfaiteurs dans le rôle de gardiens ; il y a aussi les étudiants et les étudiantes de la vie. Ceux-là nous ressemblent beaucoup. C'est en pensant à nous que chaque nuit ils attèlent leur chariot dans le ciel. Au travers de cet aspect symbolique, ils nous proposent de voir notre propre condition humaine sous la forme du char attelé de chevaux invisibles mais présents comme l'énergie qui nous anime. Le char représente notre corps et les chevaux nos sens, l'être qui les conduit n'est autre que le mental, notre intellect.

CHAPITRE 3

Si vous prenez le temps d'ouvrir vos yeux au-delà de l'image, vous y verrez l'autre vous-même, toute lumineuse : c'est votre esprit qui se révèle. Bien que présent, il semble en retrait, comme à l'état de veille ou de sommeil. Où allez-vous ainsi ?

En revenant sur terre, il est intéressant de jeter un coup d'œil sur le cours habituel des choses. Où allez-vous à fond la caisse ? Quel est le moteur de votre vie ? Le mental pressé et agité par les mille préoccupations de ses sens ou bien l'énergie de l'esprit qui sait où elle vous mène ?

Lorsque vous laisserez la place au conducteur suprême, votre esprit, et que vous aurez relégué le corps-mental au rang des passagers, vous ferez alors de votre existence le plus merveilleux des voyages. Profitant des paysages variés, toujours changeants, des rencontres d'amitié, d'amour et de partage, goûtant et appréciant les saveurs et les climats différents au gré de chaque saison, vous vous délecterez du plaisir authentique de la vie.

Dans le principe maintenant, vous en savez déjà beaucoup sur le yoga, alors passons à la pratique.

Votre corps est un satellite de l'énergie universelle

Son rythme individuel (microcosme) est relié au rythme global (macrocosme). En réalité, tout ce qui vit est interdépendant, même si au premier abord, cela ne se voit pas clairement. L'importance de ce raisonnement est de connaître ses besoins vitaux. Concernant l'alternance des phases d'activité et de repos nécessaires au bien-être, vous pouvez tout de suite prendre vos repères au travers des allers et retours respiratoires dans le cadre d'une posture de yoga.

Le grand espace

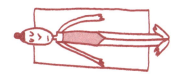

Allongez-vous sur le dos contre le sol, les jambes réunies, les bras le long du corps. Respirez calmement quelques instants et détendez-vous. Imaginez être une ligne d'horizon entre l'espace du ciel et de la terre.

- En vous le Soleil se lève : inspirez en levant les bras au-dessus de votre tête et posez-les loin en arrière.
- En vous le Soleil va se coucher : expirez en faisant le parcours contraire, jusqu'à ce que vos bras reviennent au point de départ.

Conseils

À faire 4 fois de suite lentement. La ligne d'horizon de votre corps reste immobile, le mouvement solaire est indiqué par les bras.

Reprenez exactement les mêmes mouvements que précédemment en pratiquant la rétention du souffle poumons pleins et poumons vides, soit :

- En vous le Soleil se lève : inspirez en élevant les bras au-dessus de votre corps. Le Soleil demeure au zénith : gardez le souffle immobile poumons pleins le temps de compter jusqu'à 4.

• En vous le Soleil se couche : expirez en étirant vos bras loin derrière sur le sol. Il demeure au nadir : gardez le souffle immobile poumons vides le temps de compter jusqu'à 4.

Conseils

À faire une seule fois.

• En vous le Soleil se lève : inspirez en gardant les bras posés à l'arrière sans bouger. En vous il va se coucher : expirez en ramenant les bras le long du corps.

Conseils

À faire une seule fois.

Bénéfices de la pratique

Les mouvements des bras liés à la respiration alternée permettent de dégager complètement les alvéoles basses pulmonaires des résidus de gaz carbonique stagnant, non évacués complètement par la respiration habituelle trop rapide et trop courte.

L'art postural

En langue sanskrite, une *asana* est une posture. Pour bien la réussir, il faut avoir une colonne vertébrale flexible et résistante à la fois, des muscles souples et allongés, des articulations déliées. C'est tout cela que nous allons exercer parce que si vous voulez avoir un corps de rêve, c'est maintenant ou jamais.

S'exercer quotidiennement

Trouvez le temps de vous exercer à une posture par jour. Si votre tempérament est versatile, changez d'*asana* tous les jours. Si vous êtes persévérante, étudiez la même posture pendant une semaine et si votre motivation améliore votre patience, alors gardez-la un mois. Vos progrès seront dans ce cas stupéfiants et vous en retirerez beaucoup de plaisir.

CHAPITRE 3

Échauffez-vous avec **la bascule**

Pratiquez cet exercice avant chaque posture : il assouplit, détend et masse votre colonne vertébrale, libérant de ce fait d'éventuelles tensions musculaires dans le dos.

1. Asseyez-vous les jambes jointes et repliées devant le buste. Encerclez vos genoux avec vos bras. Le dos et la tête sont bien droits. Inspirez dans cette position.

2. Basculez en arrière en maintenant la même posture tout en roulant sur votre dos et en expirant.

3. Puis revenez à la posture de départ.
Reprenez les mêmes mouvements une dizaine de fois sans brutalité, tout en souplesse.

Respirez par **le dos**

1. Commencez par vous asseoir sur le sol en tailleur, les mains posées sur vos cuisses. Faites quelques allers et retours respiratoires pour vous détendre et vous préparer à la concentration.
2. Puis fermez vos poings et placez-les de chaque côté de votre nombril, bien appuyés contre le ventre.
3. Inspirez et, à l'expiration, penchez votre buste en avant en gardant les poings fermement posés contre la paroi abdominale.
Lorsque votre buste et les poings reposent sur vos cuisses, faites 5 respirations profondes et lentes en maintenant la pression de vos poings contre le ventre puis revenez à la position de départ.

Conseils

À pratiquer 3 fois de suite.

CHAPITRE 3

Pavanamuktâsana, la posture de la libération

**ATTENTION : ne pas casser la nuque.
Pas d'angle droit.**

Maintenant, allongez-vous sur le dos et inspirez ; puis, en expirant, redressez-vous un peu pour prendre un genou dans vos mains tout en repliant votre jambe. Posez votre front sur le genou et maintenez la position le temps de 5 respirations lentes et les plus profondes possibles. L'autre jambe reste allongée.

Revenez vous allonger sur le sol avant de reprendre la même chose avec l'autre jambe.

Bénéfice de la pratique
Cette pratique améliore le transit intestinal.

Et si vous appreniez enfin à bien respirer ?

Cessez de respirer la bouche ouverte ! En yoga, le souffle entre et sort par le nez.

Le nez est fait pour **respirer** !

- **Une question d'hygiène :** les narines agissent comme des filtres qui retiennent les poussières avant la pénétration de l'air dans la gorge et les bronches. Elles servent également de « climatiseur » en réchauffant le souffle froid de l'hiver.
- **Une question d'énergie :** à l'intérieur de chaque narine se trouvent des petits conduits appelés *nadis*. Semblables à des couloirs énergétiques, ils véhiculent l'essence subtile contenue dans le souffle du nez jusqu'à la tête et le long de la colonne vertébrale. Mais laissons là ces explications, nous en reparlerons plus tard, lorsque ce sera le moment pour vous de faire de plus larges expériences de yoga.

Le yoga est un art postural, mais plus encore, un art de vivre ses comportements. L'art en général tend vers ce qui est beau, pur, élevé, agréable à la vue et aux sens. Le yoga propose des postures permettant d'ajuster sa façon d'être, sa manière de vivre son corps et la volonté d'améliorer l'ensemble.

Nadi Shodhana, la respiration purificatrice

Asseyez-vous tranquillement en lotus ou sur une chaise : l'important est d'avoir le dos droit et une assise stable. La tête est droite, dans l'axe de la colonne vertébrale, le menton légèrement rentré.
Réunissez l'index et le majeur et posez-les sur votre front entre les sourcils. Puis bouchez la narine droite à l'aide de votre pouce et inspirez par la narine gauche. Fermez la narine gauche avec l'annulaire et le petit doigt réunis, libérez la narine gauche et expirez par la narine droite. Puis inspirez par cette même narine droite, bouchez-la avec le pouce et expirez par la narine gauche.
Recommencez 3 fois ce même exercice.
Au début, cela peut vous paraître difficile parce que l'une ou l'autre narine va vous sembler un peu obstruée et que vous éprouverez une légère difficulté à respirer librement. Mais avec un entraînement régulier, tout rentrera vite dans l'ordre.

Bénéfices de la pratique
Deux importants canaux énergétiques longent votre colonne vertébrale en s'enroulant sur eux-mêmes. *Ida*, le *nadi* de droite, aboutit dans la narine gauche et *pingala*, le *nadi* de gauche, débouche dans la narine droite. Tous deux se chargent de *pranâ*, le souffle subtil qui alimente

les centres d'énergie nommés chakras. La respiration alternée que vous allez pratiquer exerce un nettoyage des conduits (les *nadis*) qu'emprunte l'énergie subtile nécessaire à l'équilibre physique et psychique. Vous retrouverez rapidement le calme, aurez des pensées plus claires, une humeur stable, un meilleur sommeil. Cela vaut la peine de vous y exercer, non ?

Tenez-vous droite !

Paschimottanâsana

Si vous voulez sculpter votre corps magnifiquement, il faut d'abord vous exercer à acquérir une tenue du dos parfaite. Eh oui, la beauté, ça se gagne, alors quelle chance d'en connaître les moyens !
La posture *Paschimottanâsana*, de son autre nom «la pince au sol» est le redresse-dos idéal.
Regardez pour commencer le dessin qui figure le résultat. Vous ne vous en sentez pas capable ? Mais si ! Vous allez y arriver !
En fait, le yoga, c'est aussi l'école de la patience et de la simplicité. On sait, bien sûr, que l'on ne peut pas réussir tout parfaitement, juste en claquant des doigts. Mais avec un peu d'entraînement, tout devient possible. Essayez, vous verrez !

CHAPITRE 3

1. Asseyez-vous, jambes allongées devant vous, les mains posées sur le sol de chaque côté : bien entendu, le dos et la tête sont bien droits.

2. Inspirez dans cette position, puis expirez en penchant légèrement le buste en avant. La première chose que vous pouvez remarquer, c'est qu'en voulant descendre le buste, on arrondit les épaules et le dos se voûte. Il vous faut corriger cela immédiatement. Restez donc dans la position penchée en avant, les mains toujours à l'appui sur le sol, les jambes tendues et les pieds flexes sans forcer. Respirez normalement et redressez votre tête de manière à regarder en face de vous. Puis reculez les épaules sans remonter le buste et présentez le haut de la poitrine... vers le haut. C'est un langage que votre corps comprend parfaitement s'il s'y exerce en même temps. Ainsi placée, votre dos est plat et étiré, les muscles peuvent s'allonger et la colonne vertébrale se détendre.

Gardez ce placement postural le temps de quelques respirations attentives à la sensation ressentie dans tout l'espace corporel. Puis remontez votre buste.

3. Cette fois, vous allez descendre un peu plus bas, de manière à essayer, en pliant les bras, de poser vos coudes et vos avant-bras sur le sol.

4. Mais attention ! Reprenez le placement du buste comme précédemment, c'est-à-dire le haut de la poitrine vers le haut.

5. Après quelques allers et retours respiratoires dans le maintien postural, étendez vos bras en expirant pour saisir les gros orteils avec vos index. Votre buste est à présent allongé sur vos jambes, la tête dans le prolongement des bras qui, étirés vers l'avant, permettent à vos mains de maintenir vos pieds. Dans cette posture, inspirez et expirez une dizaine de fois le plus tranquillement possible.

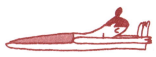

CHAPITRE 3

Bénéfices de la pratique

Au départ, tout dépend de la souplesse des muscles ischio-jambiers (situés sous les fesses). Ce qui s'avère difficile pour les unes le sera moins pour d'autres. Les hommes ont davantage de difficultés avec cette posture parce que ces muscles sont chez eux très rétractés. Mais cela peut être aussi le cas de certaines femmes. L'entraînement progressif et répétitif est donc nécessaire dans tous les cas.

Cet exercice est excellent parce que ses bénéfices sont multiples. Les voici :

• déverrouillage des charnières du bassin et des hanches ;
• assouplissement des jambes par le grand étirement du dos ;
• massage des viscères et stimulation du foie et de la vésicule dans le maintien postural grâce à l'action de la respiration.

Le grand étirement postérieur des mollets, cuisses, fessiers, dos, épaules et nuque est profondément bénéfique par son action calmante et même tranquillisante. Il vous permet de vous dégager complètement du poids psychologique et des accumulations tensionnelles que l'on porte couramment sur son dos...

Mais surtout ne forcez rien, laissez votre corps s'habituer doucement à la pratique sans chercher à brûler les étapes.

100

Le yoga n'est pas une gymnastique

En yoga, on exerce l'esprit en même temps que le corps, car il est dit qu'un esprit ouvert et éclairé facilite la souplesse et la force corporelles. C'est pour cela qu'il ne faut pas prendre le yoga pour de la gym, mais respecter cet entraînement à la mesure de ce qu'il vous apporte. Il y en a toujours qui confondent tout en faisant de petits arrangements, mais cela ne les mène pas loin, si ce n'est dans le trouble des idées embrouillées.

Avant de commencer votre pratique de yoga, n'oubliez pas d'accomplir quelques séries de respirations lentes et profondes tout en observant votre souffle. Je vous l'ai déjà dit, mais je vous le répète parce que cela doit être comme un réflexe pour vous. C'est le premier exercice de l'esprit et vous pouvez le faire pendant des années, il ne cessera de vous révéler des choses importantes.

Assise tranquillement au milieu de nulle part (c'est-à-dire sans laisser vos pensées s'agiter), appliquez-vous à suivre le parcours de vos inspirs-expirs. C'est tout et en même temps c'est fascinant, vous verrez. Au début, le mental résiste au lâcher-prise, mais petit à petit, au fil du temps, la sérénité apparaît.

La salutation au **Soleil**

Puisque je vous ai tout promis sur l'assouplissement et le renforcement musculaire pour avoir un corps de rêve, voici une pratique complète, ancestrale et géniale parce que toujours à la pointe du plus subtil progrès : j'ai nommé *Suryanamascar*, la salutation au Soleil.

Il s'agit d'un enchaînement de postures composant à lui seul un cycle symbolique comme les 12 mois d'une année, les 12 heures de lumière du jour, mais aussi les 12 heures de ténèbres, les 12 marches du temple, etc.

CHAPITRE 3

Les 12 postures de la salutation au Soleil vous font traverser les 12 étapes de l'impermanence en votre corps-esprit au rythme du perpétuel lever du jour jusqu'au coucher, pour revenir à son lever.

1. Concentration. Placez-vous debout, les jambes jointes et le corps bien droit, sans tension.

Réunissez vos mains paume contre paume au niveau de la poitrine en geste de bienvenue. Je m'explique : *Namascar*, le geste que vous faites, est un signe d'accueil et de bénédiction en même temps. Accueillez donc votre pratique et, pourquoi pas, bénissez-la !

Inspirez et expirez dans cette position et préparez-vous.

2. Souplesse arrière. En gardant les mains jointes, prenez un petit élan en basculant le bassin légèrement vers l'avant, les mains se renversent vers le bas et poursuivez votre mouvement en traçant une courbe vers l'arrière. La cambrure de la posture ne doit pas se faire sentir dans les lombaires mais sous les omoplates. Pour cela, serrez les fesses en dessous et étirez les bras derrière la tête.

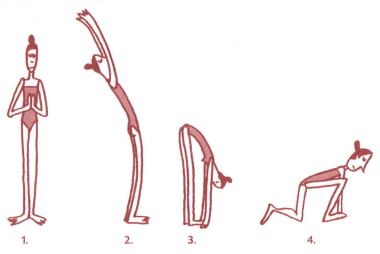

1.   2.   3.   4.

3. Souplesse avant. Puis expirez en plongeant votre corps vers le bas jusqu'à ce que les mains touchent le sol en encadrant vos pieds. Les jambes restent tendues, mais si cela est trop dur, vous pouvez fléchir les genoux.

4. Renforcement et souplesse. Inspirez en pliant une jambe, genou au sol, tout en reculant l'autre jambe vers l'arrière, le genou touche le sol. Le buste est légèrement penché vers l'avant, les mains posées à plat encadrent le pied, la tête reste droite.

5. Renforcement. Expirez en tendant la jambe arrière pliée vers l'autre, les pieds bien en appui sur les demi-pointes, les bras tendus et les mains solidement en appui.

Vous devez former une ligne oblique parfaite : fessiers, épaules et tête doivent être alignés tels une planche.

6. Renforcement. Sans inspirer (restez le souffle immobile à la fin de l'expiration), posez les genoux sur le sol, puis la poitrine et le menton. Les hanches et les fessiers sont surélevés.

5.   6.

7. Assouplissement et flexibilité. Inspirez en redressant le buste, non par la force des mains, mais en serrant très fort sous les fesses et en rapprochant les omoplates pour que le dos s'étire naturellement vers le haut sans tension lombaire. Les jambes sont allongées et les pieds côte à côte sont en appui sur les orteils retroussés.

Attention : cette posture réclame des précautions, à vous de repérer vos limites et de ne pas forcer.
Les bras sont tendus, mais vous pouvez rester en appui sur vos avant-bras posés sur le sol si cela vous paraît trop difficile.
8. Souplesse. Expirez en vous redressant d'un seul élan sans brutalité. Montez vos fessiers le plus haut possible en tendant les jambes, les pieds bien à plat sur le sol. Vos bras également tendus sont en avant de votre tête qui est abaissée, menton contre la poitrine.

7.   8.

9. Renforcement et souplesse. Inspirez en avançant une jambe repliée en avant, tandis que la jambe arrière est allongée souplement. Cette posture est identique à la n° 4, mais le placement des jambes est inversé.

10. Expirez en poussant sur vos mains pour remonter et vous placer dans la même position qu'à la posture n° 3.

11. Inspirez en vous redressant pour vous étirer en arrière comme en n° 2.

12. Le cycle est achevé. Expirez en revenant au point de départ pour saluer vos accomplissements.

CHAPITRE 3

Et si vous deveniez patiente ?

Vous avez le sentiment que **la vie vous bouscule constamment ?**

La surabondance des sollicitations et les surcharges d'activités vous ont rendue paresseuse. Un jour, vous en avez eu assez de cette folie et avez décidé d'y mettre un frein. Depuis, la paresse est votre remède. Cela pourrait se comprendre si vous n'aviez pas fait fausse route. L'antidote de l'agitation et du stress ne se trouve sûrement pas dans le laisser-faire n'importe comment et le laisser-aller. Il faut réagir autrement. « Ah bon, et comment ? » dites-vous d'un air un peu narquois.

La réponse est dans la patience et la persévérance qui sont les deux attitudes miracles pour garder la fraîcheur de votre visage et de votre cœur. La patience vous rend belle et la persévérance dans cette qualité en est la garantie à vie. Jetez donc votre coûteuse crème antirides : le yoga vous rend belle… et pour longtemps !

Regardez autour de vous. Combien y a-t-il de gens en colère, à l'expression tendue et aux comportements exaltés ? Est-ce le manque de temps, les obstacles soi-disant dus au hasard qui les empêchent vraiment de réaliser leurs objectifs ? Ou est-ce le mauvais choix envers des buts erronés ? Sont-ils capables de reconnaître leurs erreurs ? Sommes-nous capables de le faire nous-mêmes ? Voulez-vous devenir une personne heureuse ? Seules la patience et la persévérance peuvent vous y aider.

Antidote

La patience est le contraire de la colère, elle est aussi son médicament. Le principal obstacle à la réussite quelle qu'elle soit, c'est… la paresse !

Les efforts vous fatiguent dès que vous y pensez ?

Mais quelle sensation de bien-être agréable et serein apparaît lorsque l'on va jusqu'au bout d'un engagement... Vous avez des charges à remplir comme tout le monde. Ce n'est pas en les fuyant ou en les ajournant qu'elles vont s'accomplir. Agissant de la sorte, votre esprit n'est jamais tranquille et même si vous paressez voluptueusement dans le pseudo oubli de ce qu'il reste à faire, le poids de la négligence alourdit votre esprit et pèse dans votre vie. Lorsque la qualité de persévérance se superpose à l'effort, celui-ci devient dynamique et joyeux. Il forme une énergie de bonne humeur qui éclaire votre teint, illumine votre regard et vous rend attrayante. On a envie de s'intéresser à vous tandis qu'une paresseuse, c'est bien trop mou, bien trop étranger à la vitalité pour être séduisante.

Secret d'amitié n° 2 : devenez votre meilleure amie

Parce qu'une véritable amie ça ne dit pas toujours ce que l'on aime entendre, parce que parfois ses remarques touchent le point sensible qui fait mal et qu'en même temps, l'on sait très bien que c'est la vérité.

Donnez-vous l'occasion d'un rendez-vous avec vous, une rencontre d'amies confortable et tranquille au cours de laquelle vous prenez le temps de voir ce qu'il vous faut changer, modifier, transformer. Dans la confiance de votre cœur, laissez-vous devenir votre amie et sans mollesse, acceptez de voir la réalité. Là est le geste réparateur, celui qui attire le bonheur.

CHAPITRE 3

DIX PETITS TRUCS POUR NE PLUS ÊTRE PARESSEUSE

1. Ne renvoyez pas à plus tard ce qui doit être fait maintenant

Comme, par exemple, dans le cadre du yoga : penser à se remettre en question, mais pas pour le moment, en invoquant le prétexte que les conditions ne sont pas propices.

2. Agissez !

Vouloir donner un sens à sa vie, c'est bien, mais ne rien faire, se dire que l'on y réfléchit et que cela viendra, ça ne va pas ! Alors ça, c'est vraiment ce que l'on appelle se leurrer, se mentir à soi-même, c'est tout à fait lâche !

3. Ne dispersez pas votre énergie dans des conversations sans intérêt, les bavardages inutiles ou, pire, les critiques et les commérages

Même si vous ne pouvez pas vous en empêcher, que ça passe le temps ou que vous vous y laissez entraîner. Laissez-moi vous dire que ces activités verbales vous portent le plus grand préjudice, elles sont le poison dont la paresse – qui refuse l'effort d'y mettre un terme – nourrit votre corps et votre esprit. Cela ne manquera pas de rejaillir sur votre vie.

4. Ne cherchez pas à vous distraire avec des futilités

Vous savez quoi ? C'est encore de la fuite, la paresse est fugueuse, elle ne veut pas regarder les responsabilités, elle n'a pas le sens du devoir.

5. Écoutez-moi jusqu'au bout !

Je n'ai pas dit qu'il s'agissait de vous, seulement de votre paresse. Parce qu'elle est mauvaise conseillère, elle tourne votre esprit vers des acti-

108

vités sans intérêt qui vous empêchent de vous réaliser comme pourtant vous le souhaitez.

6. Débarrassez-vous de votre paresse une bonne fois pour toutes !

Croyez-moi, débarrassez-vous de ce qui vous contraint et, pour cela, jetez votre paresse à la poubelle.

7. Libérez-vous !

La paresse, c'est de la dépendance au malheur. Qu'attendez-vous pour vous en libérer ?

8. Donnez-vous les moyens de vous réaliser

Vous ne le regretterez pas.

9. Aimez-vous

Ce n'est qu'en vous aimant que vous parviendrez à être heureuse.

10. Posez votre carapace et partez !

Votre nouveau Moi est là !

chapitre 4

Comment détendre
votre esprit

chapitre 4

Seriez-vous stressée ?

Le flot continuel des pensées entraîne inlassablement les désirs, les projets, les volontés, les souhaits, les culpabilités, les inquiétudes et les regrets, les doutes et les certitudes, les joies et les souffrances. Ouf ! C'en est trop et pourtant le même processus se reproduit dans le mental de tout un chacun. C'est lourd, difficile et bien trop encombrant. Pris à son propre piège, l'intellect s'agite, se débat et se blesse au contact des tensions dont il est le seul responsable.

On dirait que l'on parle d'un phénomène étranger à nous-mêmes ; en fait il s'agit de vous, de moi, de nous tous. Nous voilà bien comme un oiseau prisonnier de la cage dans laquelle il s'est enfermé tout seul. À en croire le système fondamentalement matérialiste de l'époque actuelle, nous sommes devenus très performants. D'un certain point de vue peut-être, mais pas sur tous les plans. Preuves en sont les symptômes de stress multifactoriel, la fatigue chronique, les insomnies, la dépression, le déplaisir de vivre.

Puisque la sérénité ne se trouve pas au premier carrefour du moindre effort, que les médicaments ne parviennent pas à résoudre les problèmes de l'esprit, que les soins de beauté ne guérissent pas du mal du temps qui passe et que les bons amis ne sont pas les meilleurs conseillers, une dernière tendance s'est imposée : la zen attitude. Quoi de plus branché que de parler, manger, s'habiller zen ?

Rien de plus chic que d'acheter un Bouddha que l'on va placer sur le sol en fausse ardoise de son entrée ou d'allumer quelques bougies sur le rebord de sa baignoire à l'heure du bain, parfumées aux senteurs de marron glacé avant un délicieux massage au chocolat... Vous croyez que je rigole ? Ah mais alors là, pas du tout ! J'illustre simplement et sans exagération aucune, un art de vivre très répandu aujourd'hui que la légèreté

CHAPITRE 4

d'un marché cependant prolifique couronne du titre générique de «Zen attitude». L'expression sonne comme un carillon feng shui et les consommatrices avides de bien-être immédiatement consommable tombent dans le panneau des illusions et du temps perdu (sans compter l'argent). L'esprit livré à lui-même sans réflexion particulière, sans remise en question, renonce à la paix.

Bon à savoir

Sans la paix dans le cœur, il n'y a pas de vrai bonheur.

Un peu de vocabulaire... pour y voir plus clair

• Zen

Le mot en lui-même signifie «méditation». Le zen est une culture, une attitude méditative appelée *zazen* qui tend à révéler la vision profonde de la nature de la réalité. Bien loin de nos représentations illusoires et grossières, cette réalité est sans forme, sans odeur, sans saveur.
Alors vous voyez, nous sommes exactement à son opposé et il nous reste beaucoup de chemin à parcourir avant de prétendre «être zen».

• Bouddha

Avant d'être le Bouddha, il fut un homme investi des problèmes communs à tous les êtres humains. Grâce à sa réflexion, ses efforts prolongés, l'organisation de son existence et la pratique de la méditation, il réussit à augmenter son potentiel bénéfique et à éliminer les facteurs perturbateurs de son esprit qui obstruaient la claire lumière de sa conscience.

COMMENT DÉTENDRE VOTRE ESPRIT

Vous ne le savez peut-être pas, mais nous portons tous en nous le germe d'un futur Bouddha et il nous appartient d'en devenir un ! En attendant et pour commencer, il nous faut apprendre la valeur des choses sacrées et ne jamais poser une statue du Bouddha ou les textes de ses enseignements sur le sol. Respect oblige !

• Feng shui

Il s'agit d'une géomancie asiatique qui ne relève ni de la superstition, ni d'aucune supercherie.

Le feng shui est l'art d'utiliser les énergies qui influencent notre environnement selon leurs dispositions intégrées dans notre cadre de vie.

Par influences, entendez :
• les directions cardinales, favorables ou défavorables ;
• les éléments naturels : eau/feu/terre/métal et bois ;
• les éléments matériels : emplacement des lieux de vie, des objets, des structures, couleurs et formes diverses.

Par manifestations, comprenez : le pouvoir des orientations et des dispositions en relation avec les éléments de votre univers quotidien et vous-même. Ne riez pas sans savoir, ça marche ! (Et pourquoi ne liriez-vous pas *Le Feng shui des paresseuses* ?)

Le calme mental

C'est :	Ça n'est pas :
• un esprit discipliné	• un tempérament réactif
• des pensées canalisées	• la mollesse de l'esprit
• des joies simples	• passer d'un désir à l'autre
• des passions modérées	• chercher midi à quatorze heures
• un mental ordonné	• développer trop d'ambition
• savoir se satisfaire	• être dans le jugement et la critique

115

CHAPITRE 4

- accepter de pardonner
- être indulgente
- aimer le bonheur des autres
- cultiver la patience
- apprécier le calme
- avoir un mode de vie conforme à la nature
- aimer le silence

- vouloir gagner à tout prix
- être revancharde
- renier la solitude, détester le silence
- s'asseoir et ne penser à rien
- se laisser absorber par son ego
- se prendre au sérieux
- aimer la compétition

Concentrez-vous

Le calme mental s'obtient au moyen de la pratique de la concentration en un point. Un point c'est tout !

La concentration en un point

Asseyez-vous dans un endroit tranquille après avoir choisi un objet sur lequel vous allez exercer votre concentration : une clémentine, un petit bol ou ce que vous voulez du moment que l'objet est peu volumineux et d'une forme très simple.

Posez l'objet en face de vous dans votre champ visuel et fixez-le avec attention. Détaillez-le point par point jusqu'à ce qu'il s'imprime dans votre cerveau. Puis fermez les yeux et laissez l'objet apparaître dans votre imagerie mentale. À ce moment-là, contemplez l'objet dans votre tête et... c'est tout !

116

N'essayez pas de le faire évoluer, gardez-le exactement tel qu'il est, sans lui donner de sens, sans bavarder intérieurement à son sujet.

Maintenez votre esprit sur l'objet le plus longtemps que vous le pouvez. Quelques minutes au début, de plus en plus de temps par la suite. Avec de la pratique, vous parviendrez à mettre votre mental en vacances. C'est ce repos dans la concentration qui induira le calme et sa stabilité. Cela peut prendre un peu de temps parce qu'en général, au début, l'objet apparaît bien tel qu'il est, mais très vite, il change de forme, grossit ou rapetisse, change de couleur ou devient autre chose.

Ce processus fait partie de l'éducation de votre mental réfractaire à la discipline. Lorsque vous dites : « je suis une paresseuse », ce n'est pas vous qui l'êtes, mais uniquement votre mental. Alors si vous voulez profiter des lumières de la vie, pratiquez le calme mental tous les jours, même peu de temps. Habituez-vous à être le maître de votre esprit et vous verrez votre existence étendre ses possibilités de joie et de bonheur.

Choisissez vos priorités

Êtes-vous de celles que le temps avale toute crue, si précipitamment que vous ne trouvez jamais le moyen d'accommoder les ingrédients de la journée à votre sauce ? Ou laissez-vous votre fichue paresse infiltrer son brouillard opaque dans l'air limpide du temps qui passe ? Mais que voulez-vous à la fin ? Ah oui, c'est cela : être bien, trouver la clé de la sérénité, la paix durable, le plaisir d'exister... En fait, rien de très original, le vœu de tout le monde en quelque sorte, et vous savez quoi ? Vous pouvez le réaliser !

Tout est question d'organisation : mettez de l'ordre dans vos idées et choisissez vos priorités. Souvenez-vous que le bien-être ne s'installe pas dans les embouteillages. Il vous faut élargir votre espace vital et pour cela

CHAPITRE 4

jeter un regard pour une fois intransigeant sur votre emploi du temps. Voyons cela ensemble, à nous deux, cela sera plus facile.

Réfléchissons d'abord sur les moyens que vous utilisiez jusqu'à présent pour vous sentir vraiment bien. Quoi? Rien! Vous attendez que cela vienne tout seul? Ah là, vous n'êtes pas sérieuse tout de même, vous cherchez à m'embrouiller! Et où pensez-vous le situer ce confort du corps et de l'esprit, entre la chape de plomb de la paresse qui paralyse vos efforts et la volière crécellante du mental qui assourdit l'esprit? Vous trouvez que j'y vais trop fort? Vous n'avez pas envie d'entendre cela et vous vous dites : «Mais pour qui elle se prend, elle, pour se permettre de me parler de cette façon?» Ok, autant pour moi si je me trompe. N'oubliez pas que je suis votre amie sans hypocrisie et si je choisis des images extrêmes, c'est parce qu'elles parlent haut et fort d'une réalité que l'on enterre trop facilement. Tant mieux si ce n'est pas votre cas. Quoi qu'il en soit, impossible de passer au travers de l'ordre et de la réflexion qui sont les voies incontournables d'une bonne gestion.

Qu'êtes-vous prête à sacrifier pour trouver le bien-être? Je parle du bien-être authentique et pas de ces succédanés vendus à prix d'or sur les marchés aux illusions. Ce que je veux dire par là? C'est qu'aucune crème de perlimpinpin, aucune injection de substance de jouvence prometteuse d'un retour de jeunesse sur votre visage ne seront en mesure d'adoucir le temps qui passe. L'esprit n'est pas dupé longtemps par ces moyens trompeurs : insatisfait et malheureux, il inscrira tôt ou tard sa détresse dans un regard plombé. Et ça, ça se voit!

Quitte à ménager les apparences, autant faire ce qu'il faut dans le bon sens. Ça tombe bien, le yoga n'est que cela puisqu'il forme le lien entre votre aspiration au bien-être et sa réalisation. N'y allons plus par quatre chemins et envisageons la journée d'une paresseuse... devenue une adepte du véritable bien-être. Un peu vous quoi...

Une journée modèle dans votre nouvelle vie

Matin

Réveil positif oblige, je donne le ton de la journée avec la première pratique yogique : la réjouissance. Je considère que le premier bonheur du jour est celui d'être en vie. Il pourrait en être autrement, mais je suis bien vivante et cela me réjouit. De ce fait, mon esprit s'oriente vers le plaisir et la joie de voir le soleil se lever en même temps que moi, encore une fois. Comme lui, je me propose de répandre une pluie de rayons de lumière bienfaisante sur cette journée. Ce faisant, je me lève.

Avant ou après (c'est selon) le petit déjeuner, je choisis un court enchaînement de yoga pour réveiller harmonieusement mes facultés corporelles. Je termine par quelques instants de méditation. Et hop ! je ne me laisse plus avoir par le temps qui autrefois me ballottait au gré des vents contraires. À présent, c'est moi qui dirige l'orientation de ma journée. Une fois posés mes marques et mes ancrages stimulants et positifs, je vaque à mes occupations habituelles.

Pause déjeuner

C'est un moment important auquel je ne me soustrais jamais. Comme je ne grignote pas entre les repas, j'ai suffisamment d'appétit pour passer à table joyeusement. Le mode de vie yogique m'a appris à reconnaître les aliments favorables à une bonne santé. Quelles que soient mes activités, je fais un repas frugal (suffisant mais sans me charger) composé d'aliments frais si possible, en tout cas non pollués par les fritures, les sauces lourdes à digérer et les adjuvants chimiques.

J'ai également pris l'habitude de prendre une boisson chaude : thé ou simplement eau (mais oui, de l'eau chaude !) et si cela est vraiment rebutant, alors de l'eau à température ambiante.

CHAPITRE 4

Avant, j'aimais bien mon petit verre de vin rouge, mais je l'ai supprimé parce que quoi que l'on dise sur le sujet, cela n'apporte rien de bénéfique du tout (aïe! il y en a à qui cela ne plaît pas, tant pis, finalement, je parle de moi!).

En tout cas, seul le résultat compte, et après déjeuner, moi, je ne me sens pas lourde, ni fatiguée, et mon cerveau reste dynamique. J'ajoute tenir compte de l'endroit et des conditions idéales pour prendre mes repas sans fumée de cigarette, sans bruit stressant, sans conversations enflammées, sans proximités agressives. Ça a l'air comme cela impossible à réaliser, mais après tout, il suffit de prévoir le matin un petit sac avec son déjeuner que l'on peut consommer sur place (si la place est tranquille) ou dans un jardin public s'il fait beau ou évidemment encore mieux, chez soi. Je me réserve ensuite un petit temps de marche méditative pour la troisième pratique yogique de la journée et c'est vraiment un bon moment.

Puis, en pleine forme corps-esprit, je poursuis mes activités quotidiennes entrecoupées de minipauses thé vert ou tisane et si les conditions sont réunies, la pratique d'une posture de yoga qui a la particularité de relancer mon énergie ou de me détendre et me calmer si besoin est.

Soir

Les jours se suivent et ne se ressemblent pas nécessairement dans leurs activités. En revanche, la soirée s'amorce toujours avec le temps des ablutions relaxantes et des distractions. Lecture, musique, télé ou film, il y en a pour tous les goûts, du moment qu'on n'expose pas son cerveau à des projections violentes. On peut choisir aussi de passer une bonne soirée tout en harmonie avec ses amis, en couple ou en solitaire autour d'une table accueillant un bon dîner du même ordre que le déjeuner, au sein d'une ambiance chaleureuse et tranquille.

Une, deux ou trois fois par semaine, il y a le cours de yoga et là, c'est tout simplement génial. Pour cela, il faut avoir su bien choisir son professeur

120

et le style de yoga qui convient le mieux à sa personnalité. Le reste n'est qu'une question de régularité. Quel bonheur !

J'ajouterai que rien ne remplace un bon sommeil : coucher tôt, lever tôt ! Le nombre d'heures dépend des besoins de chacune. Se souvenir de ses rêves est une pratique yogique très positive dont je vous ai déjà parlé et qui sera favorisée par le yoga du soir.

Tout comme j'avais posé mes marques de bien-être pour la journée, le soir au coucher je place mon corps et mon esprit dans les meilleures dispositions pour un sommeil réparateur dans l'ouverture de la conscience.

CHAPITRE 4

Yoga du **matin**

COMMENT DÉTENDRE VOTRE ESPRIT

1. Asseyez-vous dans la posture assise du yoga égyptien, soit les fessiers sur vos talons et les pieds retroussés sur les orteils repliés, les mains posées sur les genoux ou les cuisses. Respirez calmement et maintenez cette position quelques secondes.

Pour certaines personnes, le fait de demeurer assise de cette manière est très inconfortable ; oui, mais ce n'est qu'une question d'entraînement et qui plus est, c'est excellent pour la circulation veineuse. Alors, patience et endurance.

2. Ensuite, inspirez puis expirez en portant le buste vers l'avant, puis saisissez vos chevilles dans vos mains. Les pieds sont collés tandis que vous maintenez la posture le temps que votre tête descende le plus près possible du sol.

3. Ensuite, gardez les talons dans vos mains et redressez votre postérieur avec le dos bien rond, la tête en appui sur son sommet contre le sol.

4. Gardez cette position le temps d'inspirer et d'expirer, puis inspirez à nouveau et, à l'expir, redressez le bas du corps en montant jambes tendues sur les demi-pointes de vos pieds (sur les orteils repliés, talons en l'air). Vos bras sont également tendus et vous prenez appui sur vos mains. La tête n'est plus posée. Restez dans la posture le temps d'un aller et retour respiratoire.

5. Puis descendez sur le sol en redressant le buste et en posant les genoux et les mains. Inspirez et expirez en allongeant une jambe en arrière, le pied retroussé sur les orteils avant de glisser la jambe un peu plus vers l'arrière et tout contre le sol.

6. Puis ramenez cette jambe et étirez l'autre de la même manière.

CHAPITRE 4

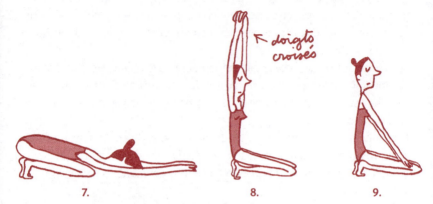

7. **8.** **9.**

7. Inspirez en vous plaçant assise à genoux sur vos talons et expirez en étendant votre buste et vos bras contre le sol en avant. Là, profitez de l'étirement en respirant calmement.
8. Redressez-vous maintenant en reprenant la posture du début, assise à l'égyptienne. Inspirez en montant les bras au-dessus de votre tête et en joignant les mains, les doigts croisés, paumes vers le ciel. De cette façon vous étirez votre dos, les épaules et les bras à fond.
9. Enfin, expirez en descendant les bras et en posant les mains sur les genoux.

Bienfaits de l'enchaînement

Le fait de garder les pieds retroussés sur les orteils exerce, par la pression du poids du corps, une relance dynamique des courants sanguins et une action stimulante de réflexologie plantaire dans tout votre corps. Les grands étirements réveillent les muscles en profondeur et détendent les nerfs. C'est un excellent enchaînement à pratiquer de 4 à 10 fois chaque matin si possible.

COMMENT DÉTENDRE VOTRE ESPRIT

Yoga du **soir**

Note
....
La pratique doit être exercée sur un sol dur avec toutefois un petit tapis placé sous votre corps.
....

1.   2.

retour au calme

1. Allongez-vous sur le dos, les jambes et les bras légèrement ouverts. Relâchez le poids de votre corps et détendez-vous bien en respirant lentement et profondément quelques instants.

2. Fermez les jambes et relevez un genou contre la poitrine en le maintenant avec le bras opposé le temps d'un aller et retour respiratoire.

crocodile

3. Délicatement, tout en douceur, laissez-vous déporter sur le côté jusqu'à ce que la jambe repliée et le pied touchent le sol. L'autre jambe n'a pas bougé si ce n'est qu'elle s'est elle aussi légèrement fléchie. Vos bras sont posés de chaque côté. Restez dans cette position quelques instants en respirant calmement, votre tête tournée dans le sens contraire de la jambe repliée. C'est la posture du Crocodile.

CHAPITRE 4

poisson

calme

4. Ensuite, tout aussi délicatement, revenez bien à plat sur le dos en repliant les deux jambes, pieds croisés contre le sol et en relevant les bras eux-mêmes pliés, mains croisées au-dessus de la tête. C'est la posture du Poisson.

5. Restez dans cette position quelques instants en vous laissant vous détendre le plus tranquillement possible. Puis allongez vos jambes et vos bras pour retrouver la posture du début et restez ainsi dans l'état de relaxation.
Reprenez ensuite avec l'autre jambe.

Bienfaits de l'enchaînement

Le fait d'être allongée sur le dos favorise la détente, le lâcher-prise des tensions. Les grands étirements en torsion soulagent le mal de dos et détendent les épaules.

La posture dite « du Crocodile » exerce une action ultra-bénéfique sur le nerf sciatique et tout son circuit (de la profondeur du fessier jusqu'à la cheville).

La posture dite « du Poisson » favorise l'ouverture de l'articulation de la hanche et déverrouille le bassin.

La posture de Retour au calme complète cet enchaînement très relaxant. À la fin de l'exécution d'un côté et de l'autre, vous pouvez, dans la posture Retour au calme, laisser aller votre tête doucement en la balançant vers la droite et vers la gauche. Cela favorisera un endormissement sans problèmes.

COMMENT DÉTENDRE VOTRE ESPRIT

Posture pour **relancer l'énergie**

Debout, les jambes assez largement espacées, les pieds parallèles presque légèrement rentrés vers l'intérieur, étendez les bras de chaque côté sans pour autant les allonger entièrement. Les mains sont flexes, les doigts fermés, la tête est droite, comme le dos, le bassin souplement arrondi vers l'avant.

Effectuez une dizaine de respirations profondes en fixant doucement un point à l'horizon. Restez attentive à la force en vous perceptible sous la plante de vos pieds, dans vos jambes, le bas de votre dos et toute la surface du dos.

Sentez comme cette force tranquille se déploie dans vos épaules et dans vos bras pour s'épanouir dans la paume de vos mains. Le cou, la nuque et la tête sont libres et légers, le regard reste concentré sur votre champ de force, mais il est détendu et doux, tout comme votre souffle. Restez ainsi quelques instants et reprenez vos activités, nantie d'un surcroît de vitalité.

CHAPITRE 4

Posture pour trouver **le calme en deux temps... deux mouvements !**

1.

2.

1. Asseyez-vous sur le sol et allongez les jambes devant vous. Gardez le dos droit sans tension et posez la paume de vos mains contre vos genoux. Emboîtez vos rotules dans les paumes et sans du tout frotter la peau, faites rouler très doucement vos genoux dans vos mains.
En même temps, portez votre attention dans votre bassin qui, par ce processus, se détend et libère ses tensions. Respirez calmement en faisant cela quelques instants dans un sens et dans l'autre.

2. Asseyez-vous ensuite sur une chaise, les pieds posés à plat contre le sol, légèrement séparés. Le dos est droit.
Avec une main, allez palper la paume de l'autre main en la pressant à l'aide du pouce, puis en l'écartant, enfin en étirant la peau à la base de chaque doigt avant d'étirer les doigts eux-mêmes, un à un. Faites la même chose avec l'autre main.

Conseils

Prenez votre temps et respirez calmement en étant attentive à ce contact bénéfique de vous à vous.

Avez-vous fait des progrès ?

Savez-vous à quoi vous pouvez mesurer vos progrès ? C'est lorsque vous savez mettre de l'ordre là où il faut et de la rigueur quand c'est nécessaire. Ces deux mots-là ne vous font plus peur parce que, vous l'avez constaté, ils sont précurseurs du bonheur.

Quand on regarde les cerisiers et les pommiers en fleurs, il faut patienter encore un peu, la récolte des fruits n'est plus si lointaine. Et quand je vous vois, attentive, vous appliquer à comprendre et à assimiler, à vous exercer patiemment et assidûment, je sais que déjà, vous avez gagné. Il fait meilleur dans votre cœur parce que, pas à pas, vos efforts vous ont rapprochée de la confiance et de son alliée, la quiétude. Autrefois, en paresseuse, vous étiez convaincue qu'il fallait tourner le dos aux engagements volontaires si vous vouliez ne pas trop vous en faire, et voilà que le yoga vous prouve le contraire. Il faudrait avoir le corps et l'esprit bouchés pour démentir sa propre vérité, celle que l'on sent profondément en soi.

« Arrivée à ce stade, n'ai-je pas droit à une petite récompense ? » vous demandez-vous. Soit, alors venez contempler ce que vous avez mérité et prenez les cadeaux offerts par la tempérance et la persévérance.

CHAPITRE 4

Des cadeaux toute l'année ?

Des récompenses pour le corps
- Souplesse et flexibilité
- Équilibre et stabilité
- Puissance et endurance
- Fonctionnement interne harmonieux
- Visage détendu
- Peau resplendissante
- Regard apaisé
- Fonctions sensorielles précises
- Système respiratoire développé

Des récompenses pour le mental
- Régulation du système nerveux
- Fonctionnement cérébral amélioré
- Calme dans les pensées
- Comportement psychologique stabilisé
- Développement des capacités de concentration et de mémorisation

Des récompenses pour l'esprit
- Élargissement du champ de vision porté sur toute chose
- Meilleure compréhension de soi, des autres et de la vie en général
- Facilité d'adaptation aux circonstances
- Développement de la créativité
- Élévation des aspirations

Alors, **heureuse ?**

Encore faut-il maintenir le cap en conservant une vigilance à toute épreuve. Je dis bien et je le répète : à toute épreuve. Parce que autant le savoir tout de suite, l'euphorie des débuts prometteurs encouragée par les progrès rapides risque de retomber aussi vite à la moindre ornière sur le chemin. Quoi, par exemple ? Eh bien voilà que tout à coup le mental se rebiffe. Il semblait si docile qu'on le croyait bien rangé dans son ordre et sa paix nouvellement installés. Et paf ! Un coup de grisou au tréfonds des pensées et voici la clarté de l'esprit recouverte de cendres. Une attaque de l'ego veut avoir le dernier mot, une poussée dépressive fait sombrer les belles résolutions... « Ça, des cadeaux ? Des cadeaux de pacotille, oui ! » lâche votre colère.

Oh là là, qui donc vous a promis la réussite en un tour de main ? Ni le yoga, ni moi ! Alors, tout doux et venez plutôt écouter le troisième secret d'amitié.

Secret d'amitié n° 3 : savoir se comprendre et se pardonner

L'amitié n'est pas un sentiment à partager uniquement avec les autres, c'est une douceur que vous devez savoir tourner vers vous si nécessaire. Au lieu de vous blâmer, de vous juger, de vous mettre en colère quand tout se dérègle, regardez-vous comme on regarde une très chère amie à qui l'on veut porter secours. Soutenez-vous au lieu de vous enfoncer et relancez votre confiance à l'aide de la compréhension que vous pouvez témoigner à votre faiblesse passagère. Vous parviendrez ainsi à vous relever de vos glissades et de vos chutes sans culpabilité. C'est comme cela que l'on arrive à se débarrasser de ses défauts les plus tenaces. Et vous n'oublierez plus jamais qu'en vous se trouve un appui secourable sur lequel vous pouvez compter.

CHAPITRE 4

Quelle est votre priorité ?

Une santé stable et **un esprit sain dans un corps sain**

Au travers de ce guide, nous avons déjà parcouru un bout de chemin ensemble, suffisamment en tout cas pour définir aisément les priorités.

Je pense que vous êtes d'accord avec moi si je place la santé en premier. Hélas ! dans ce domaine, nous ne sommes pas toutes à égalité. En revanche, nous disposons de moyens accessibles à chacune, et ça, vous le savez. Toutefois, il est intéressant de développer le sujet pour pouvoir mieux en profiter.

Bien évidemment, les souffrances inhérentes à une mauvaise condition physique ou psychologique ne vont pas disparaître avec de seules paroles encourageantes ou des pensées positives. Pourtant, il s'agit d'un début, vous allez comprendre pourquoi.

Un bon esprit, à tous les niveaux

En nous se trouvent différents niveaux de conscience et chaque niveau exerce une activité qui lui est propre.

L'esprit conscient est celui de votre quotidien objectif. Il se manifeste au travers des cinq sens et appréhende l'existence et le monde d'après les sensations qui leur sont attachées.

L'esprit subconscient répond aux perceptions subjectives issues de l'inspiration, l'intuition, les croyances, la prière et la foi. Cet état de conscience se manifeste particulièrement au cours du sommeil et des rêves, dans la méditation et dans les phases de créativité. Son intelligence subtile assure le parfait fonctionnement de votre organisme lorsque, par exemple, vous dormez et ne contrôlez plus votre respiration et vos besoins.

Autant votre esprit conscient analyse et raisonne, autant le subconscient ne s'embarrasse pas d'évaluations. Il est au service de vos convictions conscientes et s'applique sans émotion à vous fournir les résultats de vos propres croyances. Pas très clair ? Voici un exemple : lorsqu'une personne vous rencontre et vous dit : « Oh ma pauvre, quelle tête tu as ! comme tu as l'air fatiguée ! Que se passe-t-il ? Tu n'as pas d'ennuis de santé au moins ? » De deux choses l'une, soit vous éclatez de rire, forte de la conviction d'être au meilleur de votre forme, soit vos jambes deviennent subitement molles et oui, au fond, vous ne vous sentez pas très bien. Dans le dernier cas, il s'agit d'une réaction typique de votre subconscient mal assuré qui accepte la suggestion négative et la traduit immédiatement en malaise. Voilà pourquoi il est si important de connaître le fonctionnement de votre esprit parce que si vous ne tenez pas solidement les rênes de votre monture, le cheval du mental a vite fait de s'emballer à la moindre occasion. En cas de grande faiblesse, c'est la chute assurée !

Que se passe-t-il en cas de crise ?

En période de crise, ce ne sont pas les affaires qui vont mal, mais vous, nous et les autres sommes malades de nos affaires, malades de notre travail, malades de notre argent ! Oui, je sais, tout le monde n'est pas prêt à entendre cela, mais je ne m'adresse pas à des inconnus, c'est à vous que je parle et je sais que vous voulez gagner, réussir, être heureuse ! Alors, ne prenez pas la mouche et écoutez plutôt.

La santé ne concerne pas seulement le corps. Le bonheur, c'est être en bonne santé physique, morale et dans chaque domaine de sa vie. Être en pleine forme, c'est ne pas souffrir de soi-même, du passé, du présent, des projections de l'avenir, des désirs inassouvis. Les maux physiques peuvent difficilement être contrôlés et les remèdes sont parfois encore plus douloureux. La maladie est une épreuve qu'il est dans certaines circonstances bien difficile de surmonter.

CHAPITRE 4

Mais choisir de s'engager dans un combat dont on sortira peut-être victorieuse, n'est-ce pas préférable au découragement ?

Dans ces conditions, il y a deux sortes de traitements à associer pour envisager une guérison :

• ceux qui sont prescrits par les médecins ;
• et les soins que vous seule pouvez apporter à votre mental.

En cas de déperdition d'énergie, les cellules ont autant besoin des deux, tout simplement parce qu'elles fonctionnent également sur les deux niveaux, physique et psychique, au niveau de la matière et au niveau de la conscience. Pendant que l'on traite votre corps, votre mission est de reconditionner votre esprit subconscient. Et il en va exactement de même pour tous les éléments de votre vie.

Vous avez fait tout ce qui était en votre pouvoir et qui vous semblait juste en vue de rééquilibrer une situation quelle qu'elle soit ? Il reste à présent l'essentiel. Et l'essentiel se trouve dans votre esprit.

Ne soyez pas fataliste !

Le bien et le mal sont des mouvements de conscience et c'est votre esprit qui leur donne une réalité. Ah, ça y est, je soulève encore une polémique ! Ce que je tente d'expliquer, c'est la manière d'accepter ou de refuser les fluctuations de l'existence. Accepter une condition négative ne veut pas dire rester sans réaction, les bras ballants et le courage en berne. Si vous réfléchissiez plutôt sans vous emballer à la situation pour voir le plus clairement possible ce qui peut être fait et ce qui ne doit pas l'être ?

Avec sagesse, considérez les événements comme de toute façon transitoires et passez le cap sans provoquer d'autres dégâts. Un adage bouddhiste dit : « S'il existe une solution, tu vas la trouver, mais s'il n'y a rien à faire,

COMMENT DÉTENDRE VOTRE ESPRIT

pourquoi en rajouter avec acharnement ? » Alors, inutile de vous lamenter sur votre sort et de déprimer ! Avancez !

Le bonheur est en vous !

À vous de lui donner corps lorsque véritablement vous le voudrez. Le bonheur, la santé et la réussite existent d'abord dans l'esprit. Si cette présence bienheureuse ne vous accompagne pas encore, c'est que votre désir est mou et vos souhaits inconstants. En fait, vous n'avez pas vraiment envie de succès dans vos entreprises, d'amour sincère et d'accomplissements élevés, sinon pourquoi resteriez-vous dans la paresse et dans le doute ?

Un peu de courage ! Vous devez choisir ce que vous voulez et vouloir y arriver. Souvenez-vous que votre esprit est sur tous les coups ! Autrement dit, méfiez-vous de vos choix et respectez une éthique propre et limpide. Par exemple, ne soyez jamais nuisible à qui que ce soit, à quoi que ce soit, et là, sûr que vous ferez le bon choix !

Cessez de parler et **agissez !**

Croyez-vous en votre bonne étoile ? Oui ? Non ? De toute façon, y croire ou pas ne sert à rien, tant que vous ne l'avez pas vérifié par vous-même. Alors, qu'attendez-vous ? Vous êtes trop paresseuse ? Vous manquez de confiance ? Vous avez des doutes sur la question ? Au lieu d'en parler, agissez !

Parce que cette bonne étoile existe bien pour chacune, d'entre nous, c'est elle votre projet de vie et c'est bien pour cela qu'elle brille si fort dans vos rêves. Savez-vous ce que vous perdez en lui tournant le dos ? Tout

CHAPITRE 4

bonnement les plus belles chances de toute votre existence. Le projet de vie est inscrit dans votre conscience et c'est à vous de le développer pour qu'il devienne réalité car le bonheur et la réussite se trouvent en lui.

Libérez le projet de vie qui est en vous !

Posez-vous la question au sujet du projet : l'avez-vous reconnu en vous ? Avez-vous remarqué cet infime tressaillement venu des profondeurs se produisant chaque fois que vos capacités et vos talents entrent en contact avec lui ? Une fraction de béatitude ? C'est lui, n'en doutez pas ; il connaît vos désirs les plus insondables. Mais lorsqu'il veut émerger du fond des occasions ratées, des espoirs refoulés, lorsqu'il tente de soulever les rochers de la flemme, pourquoi ne le suivez-vous pas ? Cessez d'être l'esclave de vous-même en libérant votre projet de vie. Allez au-devant de vos qualités et offrez-leur le moyen de faire jaillir le sens de votre existence.

COMMENT DÉTENDRE VOTRE ESPRIT

DIX PETITS TRUCS POUR PRENDRE VOTRE VIE EN MAIN

1. Devenez ce que vous voulez être
Prenez-vous en main pour vous réaliser et faites de votre vie un succès en devenant le succès lui-même.

2. Abandonnez tous les automatismes
Prenez le temps de réfléchir pour ne plus agir uniquement selon votre paresse.

3. Cultivez le bonheur
Attendez-vous au bonheur en recherchant l'harmonie, la joie et la générosité.

4. Partez à la découverte de vous-même
Pour cela, exercez-vous à la patience et à la tolérance.

5. Ne regardez pas en arrière
Laissez le passé malheureux se transformer en un présent rempli d'espoir et de promesses.

6. Soyez exigente...
... en étant adepte du bon, du beau et du vrai. Vous le valez bien !

7. Ne parlez plus à tort et à travers
Soyez à l'écoute de vos pensées, surveillez vos paroles. Vous en sortirez grandie.

8. Estimez-vous
Souvenez-vous que vous êtes utile et que l'on a besoin de vous.

CHAPITRE 4

9. N'attendez rien en retour

Apprenez à aimer sans condition.

10. Soyez lumineuse

Reliez-vous à l'énergie de l'univers en méditant des phrases de lumière :

« Je baigne mon esprit dans l'océan de paix qui est en moi. »

« Je repose mes pensées dans les bras de la tranquillité. »

« Je remets mes problèmes à l'intelligence infinie qui est en moi. »

« Je dépose le fardeau de ma vie dans l'amour et la force de l'énergie universelle. »

« Je revendique mon droit au bonheur et me prépare à le rencontrer. »

Hum... ça fait du bien !

chapitre 5

Comment bien pratiquer le yoga
quand on est paresseuse

Comment réunir toutes les bonnes conditions ?

Hormis le fait qu'il reste indispensable de vous inscrire à un cours de yoga pour recevoir les bases nécessaires et les comprendre parfaitement, j'ai écrit ce livre pour vous qui êtes paresseuse, me doutant bien que ce petit guide vous servirait à la fois de professeur particulier, de cours collectif et de compagnon spirituel (oui, j'ose l'écrire). Et ce au moins jusqu'au moment où vous en déciderez autrement.

Plantez **le décor**

Quel est votre trip yoga ?

Êtes-vous « Bougies-Encens » ? « Saris-Musiques indiennes » ? Ou « tapis de gym et basta » ?

Finalement, peu importe, ce qui compte, c'est de titiller votre désir de yoga. Et la déco, mine de rien (je ne vous apprends rien), ça y fait.

Installez une ambiance joyeuse, disponible à l'énergie de la vie, accueillante. Pourquoi ne pas inviter une de vos copines (paresseuse ou non) à partager votre expérience ? Plutôt que d'en faire une contrainte, jouez au yoga ensemble, riez et progressez. Pratiquer le yoga, c'est répondre aux besoins essentiels du corps et de l'esprit, alors amusez-vous tout en étant sérieusement attentive, détendez-vous tout en vous concentrant et surtout, restez vous-même tout en vous libérant.

Peut-être pouvez-vous aménager un petit coin spécial yoga dans votre habitation : ça, évidemment, c'est l'idéal. Le matériel nécessaire dépend encore une fois de vos aspirations qui vont du simple tapis, d'une chaise et /

CHAPITRE 5

ou d'un zafu (coussin de méditation), à une installation plus élaborée avec sono et CD pour diffuser des musiques douces ou des enregistrements de méditations guidées, brûle-parfum pour les huiles essentielles, encens et bougies colorées, tissus soyeux, peintures et représentations diverses...

Le choix est immense : faites quelque chose répondant à vos goûts. Sachez toutefois que cette mise en scène s'adresse à votre mental, qui a souvent besoin de toute une parade extérieure pour pouvoir se concentrer. En effet, impressionnées par le décor, les pensées cessent de s'agiter, l'esprit se tranquillise et la pratique peut commencer en toute sérénité.

Sachez néanmoins que l'authentique culture yogique n'a besoin d'aucun artifice, c'est brut de brut que l'on s'assied par terre sans porter d'intérêt à la surface du sol ni à l'environnement. Besoin de rien au-dehors puisque tout est en soi. Euh... je crois qu'en ce qui nous concerne, y mettre un peu de forme, ça aide quand même !

Remettons les pendules à l'heure !

Devenir adepte du yoga n'est pas entrer en secte ! Rien à voir avec la soumission servile à une autorité quelconque. Remettez vos questionne-ments hypothétiques à votre intelligence intérieure et laissez faire... Des réponses viendront en leur temps, quand vous serez prête à les entendre, à les comprendre et à en faire quelque chose de bien.

Établissez **un programme douceur**

Je vous propose d'être votre coach pour une séance privilégiée. Commencez par décrocher le téléphone : aucune intervention extérieure ne doit venir perturber le temps que nous nous réservons.

Vous êtres prête ? Alors c'est parti.
Asseyez-vous sur un zafu et créez l'ambiance avec un courant musical fluide et limpide, comme le mouvement de l'onde à la surface d'une eau paisible.

Pratique n° 1

1. Bien assise, maintenez le dos droit mais sans rigidité, le thorax largement ouvert à la respiration sans contrainte, la tête droite, le menton légèrement rentré, la nuque étirée. Réunissez vos mains devant le ventre, la main droite posée au creux de la paume gauche formant comme un petit berceau, les pouces connectés s'élèvent vers le haut. Posez votre regard abaissé vers le sol et laissez-vous quelques instants bercer par l'onde musicale. Inspirez... expirez... et détendez-vous... jusqu'à ce que votre souffle devienne l'onde elle-même.

2. Inspirez et déplacez vos mains en avant du tronc, puis séparez-les comme si vous vouliez ouvrir l'espace devant vous et de chaque côté jusqu'à aller poser les mains derrière vos fessiers sur le sol.

3. À ce moment, expirez en basculant doucement votre tête en arrière. L'expiration s'effectue lentement et profondément. Dans cette position, le dos est légèrement cambré et la colonne vertébrale étirée et arquée. Inspirez.

CHAPITRE 5

COMMENT BIEN PRATIQUER LE YOGA QUAND ON EST PARESSEUSE

4. Sans rien changer, expirez en ramenant la tête vers l'avant, jusqu'à ce que le menton touche votre sternum (en haut de la poitrine).

5. Inspirez en revenant assise le dos droit, tout en repliant la jambe droite devant le tronc. Vos bras encerclent le genou fléchi.

6. Expirez en allongeant la jambe droite devant vous et en plongeant légèrement le buste vers l'avant ; les mains réunies se posent sur le genou et les bras sont tendus. De cette manière, vous pouvez redresser votre dos pour qu'il soit bien droit tout en étant penchée vers l'avant. Prenez le temps de respirer tranquillement dans cette position pour faciliter l'étirement de la jambe et du bassin et l'extension du dos. La tête est dans le prolongement du mouvement.

7. À présent, inspirez et expirez en vous laissant plonger plus avant vers la jambe droite jusqu'à, peut-être, parvenir à saisir votre gros orteil entre vos deux index et vous allonger totalement sur la jambe.

Ça, c'est déjà pour les expertes ou les naturellement très souples de naissance. Cette dernière figure appelée « la demi-pince au sol » ne doit jamais être forcée. Pour s'entraîner correctement, il ne faut pas vouloir tirer en avant mais laisser le poids du tronc et l'élasticité des ischio-jambiers faciliter la descente.

Vous pouvez vous contenter, dans un premier temps, depuis la posture 6. de maintenir la poitrine ouverte vers le haut et l'avant et le dos plat et de poser ensuite les mains sur le sol en laissant le dos et la tête très légèrement s'arrondir.

8. Inspirez et lentement ramenez les jambes repliées et croisées devant le tronc en gardant les plantes des pieds croisés posées sur le sol. Ce dernier détail est très important : vérifiez que vos deux pieds adhèrent bien au sol. Les genoux ouverts sont soutenus par vos bras qui les encerclent et vos mains croisées en avant. Dans cette attitude, effectuez 5 rotations de la tête vers la droite et 5 vers la gauche, le tout lentement. Puis reprenez la posture initiale (**1.**) et à nouveau, devenez le courant d'une onde limpide

145

CHAPITRE 5

et calme avant de poursuivre avec le même enchaînement en étirant cette fois-ci la jambe gauche.

Conseils

Avant de passer à la suite du programme, rappelez-vous que seuls les actes conscients marquent d'une empreinte puissante votre corps-esprit. Aussi, pour retirer un maximum de bénéfice, prenez quelques secondes pour mesurer en vous l'impact douceur de ce premier enchaînement, l'impression de force ou de délivrance qu'il vous laisse, un nouvel état de bien-être, etc.

Pratique n° 2

contre un mur

Maintenant, placez-vous debout pour exercer votre équilibre, renforcer les muscles des jambes, positionner le dos parfaitement droit et, en même temps que tout cela, vous assouplir !

Plaquez votre dos contre un mur, les jambes jointes et les talons rapprochés, voire collés au mur. Prenez le temps de bien adhérer au mur comme si vous étiez une affiche que l'on vient de poser. Vous devez sentir toute la structure de votre corps redressé, depuis vos talons en passant par le bassin, le dos, toute la colonne vertébrale allongée, plaquée contre la surface, les épaules, la colonne cervicale, le crâne, en terminant par les bras et les mains. Dans le maintien de cette posture, inspirez et expirez plusieurs fois de suite.

La chaise des yoginis

1. Toujours dans la même position, inspirez puis, à l'expiration, fléchissez doucement vos jambes en vous laissant glisser contre le mur ; en même temps, relevez vos bras au-dessus de la tête. Toute la partie postérieure de votre corps doit être plaquée contre le mur, bras et mains y compris (les paumes sont face à l'extérieur).

Respirez tranquillement quelques instants dans la conscience du repositionnement parfait du rachis vertébral. Vérifiez que vous êtes détendue partout dans votre corps et restez vigilante pour ne pas vous décoller du mur à quelque endroit de votre corps que ce soit. Pensez à décontracter les tensions musculaires en appuyant bien fort le poids du corps sur la plante des pieds.

CHAPITRE 5

face au mur

2. Face au mur, à présent, à quelque 50 cm (ou plus suivant la longueur de vos bras), dégagez la jambe droite tendue en arrière, le pied pointé sur le sol, la jambe gauche d'appui tendue.
Allongez vos bras parallèles devant vous en direction de la surface murale en inspirant, puis inspirez en basculant le buste vers l'avant tandis que la jambe droite s'étire en arabesque à l'arrière et que les mains viennent se poser sur le mur. Dans cette attitude, respirez quelques instants en plaquant bien les mains contre le mur comme si vous vouliez le repousser sans pour autant descendre la jambe arrière.
Reprenez ensuite avec l'autre jambe.

3. Maintenant, vous n'allez plus utiliser le mur, comme support mais exercer librement votre équilibre dans l'espace.

Relevez la jambe droite repliée devant le tronc. Vos bras encerclent le genou. La jambe au sol est tendue. Inspirez.

Puis expirez en fléchissant la jambe de terre et en déportant le poids du corps en arrière thorax-tête-genou relevé qui se colle sur la poitrine.

Inspirez en revenant bien droite pour faire passer la jambe droite derrière vous, en saisissant le pied avec les deux mains.

Expirez en fléchissant la jambe d'appui et en déportant le poids du corps en avant (buste en avant).

« Je perds l'équilibre ! »

Surtout, ne vous laissez pas impressionner par la difficulté à maintenir un équilibre stable. Les causes sont parfois multiples : elles vont d'une légère faiblesse de la cheville ou des genoux au dysfonctionnement de l'oreille interne ou encore à un déséquilibre vertébral. Mais le plus souvent, c'est à un manque de concentration que vous devez votre instabilité !

La recherche de l'équilibre est un exercice indispensable à l'obtention de votre bien-être et il n'y a qu'une solution pour le trouver : vous y entraîner !

CHAPITRE 5

Pratique n° 3

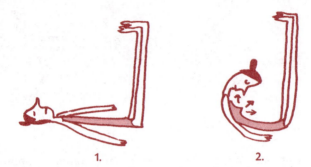

1.   **2.**

Cette fois, allongez-vous sur le dos sur le sol.
1. Inspirez puis, à l'expiration, levez les jambes réunies à la verticale, les pieds flexes, les bras allongés de chaque côté, paumes des mains face contre terre.
Inspirez et expirez dans cette position en maintenant les jambes très tendues.
2. Inspirez et, à l'expiration, redressez légèrement vos épaules en les décollant du sol et en levant la tête qui reste en suspension, le regard fixé sur votre plexus solaire.
Maintenez cette position en inspirant et expirant tranquillement sans vous soucier des tressautements et autres petits tremblements, qui se manifestent naturellement. Ils sont dus pour une part à vos abdominaux qui se renforcent et pour une autre à votre énergie vitale qui se rassemble au centre de votre corps.
Gardez une attention concentrée dans la région située au centre du ventre et de l'estomac, à l'emplacement de *Manipura chakra*, un plexus énergétique responsable, en partie, de votre équilibre émotionnel.

Visualisez ce chakra comme une roue solaire émettant ses rayons de pure énergie dorée partout dans votre corps pour dynamiser votre santé et baigner votre esprit d'une paix radieuse.

3. Reposez ensuite votre tête et descendez les jambes repliées genou contre genou. Les jambes sont ouvertes en V sur les côtés.
Cette pratique demande un peu d'entraînement avant de vous sentir à l'aise, aussi est-il nécessaire de vous y appliquer régulièrement.
Après quelques secondes de repos, reprenez encore une fois cette pratique.

Conseil
••
Votre programme personnalisé touche à sa fin, en ce qui concerne ces pratiques. Je vous conseille de vous y exercer régulièrement, vous vous sentirez à l'aise dans chaque posture. Même lorsque vous serez plus avancée, tous ces mouvements resteront bénéfiques et toujours à votre disposition pour un étirement, un repositionnement, une détente et un assouplissement.
••

CHAPITRE 5

Pratique n° 4

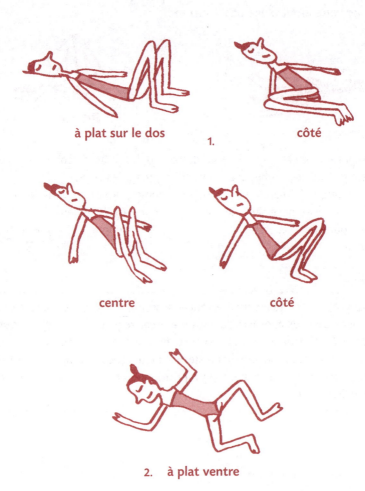

à plat sur le dos   1.   côté

centre   côté

2.   à plat ventre

COMMENT BIEN PRATIQUER LE YOGA QUAND ON EST PARESSEUSE

1. Restez dans la dernière attitude, les jambes repliées, les pieds posés sur le sol, mais au lieu d'avoir les genoux collés, séparez-les. Vous vous trouvez donc avec les jambes et les pieds parallèles.

Tout en gardant les pieds contre le sol et sans les soulever, basculez vos jambes doucement sur un côté, puis sur l'autre, après être repassée par le centre. Faites ce mouvement calmement, lentement, en étant attentive à la relaxation qui, peu à peu, s'installe.

2. Puis, sans vous presser, retournez-vous à plat ventre comme on positionne un bébé dans son parc (!) et là, détendez-vous. Relâchez toute tension musculaire, abandonnez le poids du corps au sol qui l'accueille. Respirez et... oubliez tout. Vous pouvez même vous endormir si besoin est.

Alors, bonne relaxation et à plus tard...

CHAPITRE 5

Devenez **votre meilleur professeur**

Comment ? Vous en doutez ! Et pourtant, vous pouvez devenir votre meilleur professeur pour la bonne raison que vous êtes la personne la plus proche de vous et donc la plus à même de redresser la barre quand il le faut. Après avoir bien suivi, compris et appliqué l'observation du fonctionnement de votre esprit (*cf.* premiers chapitres), la perception que vous avez de vous s'est affinée. Et lorsque vous vous regardez dans le miroir de votre mental, vous n'êtes plus étrangère, désormais, à vous-même.

Progressivement, avant même qu'une émotion du style « colère » se manifeste, vous êtes arrivée à en pressentir le déclenchement au fond de la conscience et à ralentir sa course ravageuse. BRAVO !

Bon, si vous n'en êtes pas encore à ce stade, je vous félicite tout de même pour votre application, qui, je vous l'ai promis et je le répète, portera une abondance de bienfaits dont vous vous régalerez.

Qui n'a gardé le souvenir d'un professeur, connu jadis, dont le sourire autant que les exigences restront gravés dans la mémoire ? Quelqu'un qui nous a guidée, suivie, aidée à progresser. Sur le moment, nous n'étions peut-être pas d'accord, mais à ce jour, nous lui en sommes reconnaissantes.

Alors voilà ce qu'à présent vous pouvez faire pour vous en prenant la relève de votre éducation d'adulte.

Appelons cela si vous le voulez bien : « Études Extra-Supérieures », avec, au bout du compte, un diplôme de Bonheur. Un prix d'honneur et de courage sans limitation d'âge qui vous permet de vivre heureuse le restant de votre existence. Alors n'hésitez plus, devenez votre meilleur professeur.

Oui, mais comment ?

Commencez par lire le livre que vous avez en ce moment entre les mains et relisez-le régulièrement.

Ensuite, prenez le temps de la réflexion-relaxation-méditation. Ça, c'est deux fois par jour, le matin pour stimuler le reste de la journée et le soir pour faire le point et relancer sa motivation.

Inscrivez, dans la mémoire du corps, l'intelligence bénéfique des postures de yoga. Si vous le pouvez, pratiquez quotidiennement au moins une posture, au plus un enchaînement, au mieux tout un programme.

Bon, ça c'est vous qui voyez suivant vos obligations.

À la poursuite du bonheur !

La méthode Coué, vous connaissez ? « Pour être bien, je suis obligée d'être heureuse. »

Vous voulez être heureuse ? Alors regardez si vous faites tout pour.

● Observez vos comportements et étudiez vos choix.

Puis prenez l'habitude une bonne fois pour toutes de ne porter tort à personne ni à quoi que ce soit.

● Quand quelque chose vous accapare trop intensément, posez-vous la bonne question : « Qui suis-je en train de servir ? »

● Acceptez volontiers de vous être trompée et même d'avoir tort.

Parce que les difficultés sont les premiers enseignements sur le chemin de l'existence, lâchez prise, laissez le feu des colères, des reproches et des ressentiments s'éteindre et... voyez venir !

● Vos pensées, vos paroles et vos actes sont porteurs d'énergies positives ou négatives qui, infailliblement, vous reviennent. Aussi, surveillez-les et dirigez-les dans le sens du bien, du bon et du beau.

À ce propos, Sa Sainteté le Dalaï-Lama, s'adressant aux personnes sans engagement spirituel, a donné ce conseil : « Élevez votre égoïsme à la place d'honneur en vous abstenant de tout comportement nuisible envers vous-même, les autres et tout ce qui vit. »

● Apprenez à être heureuse en regardant ce dont vous disposez déjà pour l'être.

CHAPITRE 5

• Exercez-vous à faire l'expérience de la gratuité : un sourire aimable, une parole gentille, une écoute attentive, un geste amical, tendre, aimant, une présence réconfortante, un service, une offrande.

Bref, recherchez tout ce que vous pouvez faire pour être agréable et utile aux autres sans aucune arrière-pensée de retour, ni d'intérêt personnel quelconque. Ça, c'est du vrai bonheur !

Le bonheur, **ça se mérite...**

Si vous n'éduquez pas votre tempérament d'adulte qui croit en savoir assez pour s'en tirer toute seule, vous resterez là où vous en êtes, et même, vous faiblirez.

Il est possible qu'aujourd'hui tout ait l'air d'aller bien : pourquoi même en parler ? Mais vous savez, tout change d'un moment à l'autre et il se pourrait que demain vous vous interrogiez sur vos difficultés. Que cela vous plaise ou non, il en va ainsi dans la vie de tout le monde. En plus, quand on vous dit qu'il ne tient qu'à vous d'aller mieux dans tous les recoins de votre existence, ça vaut la peine d'y prêter attention. Mettez-vous bien ça dans la tête : «Vous pouvez devenir votre meilleur professeur et de ce fait atteindre le bonheur.»

... mais **ça s'apprend**

Pas de temps à perdre, on commence maintenant !

Soyez votre Pygmalion, votre mentor personnel et devenez ce que vous voulez être. Mais comprenez bien, pour y arriver, vous devez suivre le maître du bonheur qui est en vous. Il vous enseigne comment s'y prendre pour réveiller vos qualités dormantes, comment faire pour vous améliorer, vous affiner, naître à votre véritable nature.

Nous sommes toutes et tous à l'école de la vie dont il reste tant à apprendre. On peut considérer que vous en savez assez pour gérer vos affaires sociales, familiales et professionnelles. Mais concernant le bonheur, la joie d'exister, de partager et de communiquer dans le sens profond de l'existence, une autre étude doit commencer : la vôtre.

Prenez soin de vous

Devenir son meilleur professeur et prendre soin de soi... même si c'est un peu dur au début, cette éducation-là vous fait du bien. Vous vous en rendrez compte lorsque vous saurez transformer vos colères en actes de générosité et en preuves de tempérance. À cet instant, intérieurement, vous direz à votre adversaire : « Allez, je te laisse la victoire que tu cherches, ta guerre n'est plus la mienne. Je ne déserte pas, mais j'abandonne les armes de la violence. »

Et, sans baisser les bras, vous les ouvrirez tout grand pour accueillir la liberté. Facile à dire, mais pas facile à faire et cependant pas d'autre choix si l'on veut véritablement être heureuse.

CHAPITRE 5

La plus belle part du gâteau

Avant, il y a bien longtemps, les familles fortunées réservaient toujours une place pour un pauvre, au cours de leur banquet. Si la place restait vide, les meilleurs mets étaient servis, disposés en attente pour qui viendrait peut-être. C'était «la part du pauvre».

À l'heure actuelle, les traditions ne comptent plus et l'on n'écoute plus la sagesse des anciens, souvent abandonnés dans les maisons de retraite où l'on bâillonne les transmissions en faveur des profits. Mais, du point de vue du bonheur, de quel profit s'agit-il?

«Mais je suis épicurienne moi!»

Bon, déjà depuis quelque temps, vous vous demandez où sont passés les plaisirs tant chéris dont nous ne parlons pas? Mais il faut dire quoi pour répondre à la demande? Si on évince les sujets dangereux comme les commérages, les colportages et autres bavardages critiques et méchants (si! si! si! on vous connaît!), sans oublier les sujets futiles qui creusent un trou dans l'intelligence et un vide dans l'esprit, vous croyez qu'il ne reste plus rien de bon à dire ou à faire et à penser?

• On peut apprécier les saunas, les massages, les séjours thalasso et ne pas s'en priver. Cela n'empêche pas de se rendre utile, d'être agréable et d'en profiter pour en rabaisser un peu avec la pratique de la reconnaissance.

• On peut aimer et profiter de tas de bonnes choses qui nous paraissent délicieuses sans priver les autres d'y goûter : on peut même leur en faciliter l'accès.

• On peut vouloir gagner sur nos fronts d'intérêt dès l'instant que pour y arriver l'on ne fasse jamais perdre quiconque.

• On peut se réjouir d'être douée, d'avoir des connaissances et des tas de possibilités si l'on accepte de prendre sous son aile les moins favorisés.

On va encore plus loin ? Pour cela, il suffit d'ouvrir les placards et de se demander à quoi sert d'aimer parler chiffon et de courir les magasins alors qu'on a ses étagères bourrées de trucs dont on ne se sert jamais ? Cela aussi encombre le bonheur.

Parce que tout ce que l'on vient de se dire, ça fait du bien si on l'admet et ça en fera plus encore quand on décidera de prendre soin de soi dans la mesure des changements nécessaires.

C'est l'heure du **conte !**

Pour vous et pour toutes celles qui ont envie de donner du sens à leur existence, je vais parler maintenant d'un chemin d'évolution joyeux et bienfaisant, le Yeshé Yoga. Alors installez-vous confortablement et écoutez mon histoire !

Il était une fois, il y a bien longtemps, quelque part sur le toit du monde, un roi tibétain nommé Songtsen Gampo. L'esprit plein de sagesse et le cœur ouvert à ses fidèles sujets comme s'ils étaient ses propres enfants, le souverain réfléchissait à son testament spirituel. Que pourrait-il bien léguer à son peuple quand le moment serait venu pour lui de quitter son corps et cette vie ?

Il médita et il pria beaucoup en invoquant Chenrezi, le bouddha de la Compassion pour trouver sa source d'inspiration. C'est alors que l'idée lui vint d'édifier, sous forme de conseils, seize principes humains reposant sur le droit au bonheur qu'il intitula simplement : « Les seize conseils pour une vie heureuse ». Il invita les familles à les étudier et à les mettre en application, leur promettant, s'ils les suivaient et les transmettaient à leur tour, l'accession au bonheur de génération en génération.

La sagesse, on le sait, ne se perd jamais. Elle reste parfois invisible pendant des siècles, mais sa présence un jour réapparaît. Dans les années 1970,

CHAPITRE 5

secouées par la violence d'une oppression chinoise, les neiges éternelles produisirent une avalanche qui répandit sur l'Occident des centaines de fragments de sagesse séculaire.

En Inde, où il trouva refuge avec nombre des siens, Lama Thoubten Yeshé, devenu le guide, le frère et l'ami de tous les habitants du pays, partageait les richesses spirituelles de son cœur avec tous. Il devait sa notoriété à son inépuisable capacité d'amour et de générosité. Les gens faisaient de longs voyages quand lui-même ne pouvait se déplacer vers eux.

Lui vint un jour la vision d'une réponse aux besoins des êtres qui s'interrogent sur le sens de leur vie. C'est ainsi que naquit « l'Éducation Essentielle ».

Cette nouvelle forme d'éducation repose sur le développement de la compassion et la compréhension de la sagesse universelle mise au service de la paix. Le but de l'Éducation Essentielle est d'aider chacun à développer un bon cœur, parce qu'un cœur fondamentalement bon est l'unique réponse à tous les problèmes individuels et dans le monde.

À l'image de Songtsen Gampo, Lama Thoubten Yeshé recommandait de faire jaillir, au-delà des préoccupations égocentriques, les qualités humaines dans le sens de la responsabilité individuelle. Et ce, quelles que soient l'origine des uns et des autres, la religion et la culture. S'ouvrir aux autres dans une compréhension mutuelle en cultivant un comportement respectueux et non violent envers tous.

Parmi les outils pratiques délivrés pour façonner un mode de vie harmonieux et un bon rapport aux autres, le Yeshé Yoga, associé aux seize conseils pour une vie heureuse, est une méthode psycho-physique dont la particularité est d'exercer son influence sur le corps, la parole et l'esprit des pratiquants, dans le but de transformer leur existence.

Le Yeshé Yoga développe seize postures de base associées aux titres des seize conseils représentant seize attitudes bénéfiques autour desquelles un enchaînement de mouvements tisse le lien entre la pratique corporelle et les nouveaux comportements. Les mouvements physiques constituent le langage du corps, les attitudes mentales forment celui de l'esprit. L'union des deux produit un langage conscient, une communication universelle pouvant, sans l'aide de traducteur, être compris dans toutes les langues.

CHAPITRE 5

amour

inspiration

principes

courage

humilité

tolérance

pardon

joie

gentillesse

COMMENT BIEN PRATIQUER LE YOGA QUAND ON EST PARESSEUSE

CHAPITRE 5

Le meilleur du Yeshé Yoga pour mener une vie heureuse

Pour vous qui êtes mégaparesseuse, voici le 4ᵉ conseil que je vous présente et vous enjoins de pratiquer sur le champ, corps et esprit unis.

Première pratique au sol : développer le courage en soi

1.

Asseyez-vous dans la posture jambes croisées en respectant les indications que je vous ai déjà données. Laissez monter en vous un sentiment de stabilité et de confiance favorables à la tranquillité de l'esprit. Dans cette attitude, respirez calmement quelques instants.

1. Puis détournez-vous vers la droite et inspirez en repliant vos jambes vers l'arrière. Maintenez la jambe droite contre le sol et, avec la main gauche, saisissez votre pied gauche derrière vous en le décollant du sol. Si vous êtes souple, vous pourrez élever votre jambe en gardant le genou contre le sol. En même temps, repliez votre bras droit, coude pointé vers le ciel, main droite posée sur l'épaule droite. Le buste est légèrement cambré et la tête relevée vers l'arrière. À ce moment, vous initiez la posture associée au quatrième conseil : « Stimuler le courage en soi ». Afin de bien vous imprégner du sens de cette attitude, maintenez la posture dans l'expiration, puis à nouveau dans l'inspiration.

L'arc formé par le déploiement souple de la colonne vertébrale met en mouvement l'énergie de *Mulhadara* chakra qui repose comme une lampe veilleuse aux lueurs rouge doré au bas de la colonne, éclairant le couloir vertébral jusqu'au sommet du crâne pour se fondre dans la source. Fin d'inspir. Le temps ainsi accordé à l'aller et retour du souffle permet de remplir son corps-esprit de la notion bien comprise du courage en soi, laissant le flux et le reflux respiratoires balayer toutes les hésitations.

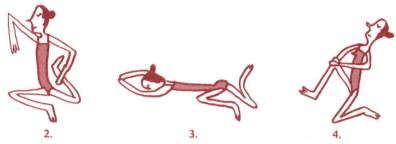

2. **3.** **4.**

2. Toujours en direction de la droite, plongez le buste vers le sol en expirant, les deux jambes sont repliées vers l'arrière et posées à terre, tout comme les bras et les mains réunies qui encerclent la tête baissée.

3. Redressez le buste en inspirant et en relevant la jambe droite tout en vous détournant vers le côté droit. Étirez votre tronc vers le haut et cambrez votre dos dans sa partie supérieure, la tête en arrière. L'appui de vos mains encerclant le genou droit vous aide à effectuer ce mouvement correctement.

4. Gardez la main droite sur le genou droit redressé puis, dans l'expiration, faites passer le bras gauche devant le buste qui se positionne de face pendant que le bras gauche s'étend vers la gauche avec la main flexe. La tête est également tournée et le regard à gauche de profil.

CHAPITRE 5

166

COMMENT BIEN PRATIQUER LE YOGA QUAND ON EST PARESSEUSE

5. Inspirez en basculant le poids du buste vers les 3/4 gauche en appui sur votre avant-bras gauche. La tête et le regard sont plongés vers la gauche (regardez votre pied gauche) et le bras droit très étiré vers le haut, à droite.

6. Expirez en revenant placer votre buste courbé sur le genou droit. La tête contre le genou et les bras encerclent la jambe.

7. Inspirez en effectuant une demi-rotation du tronc vers l'arrière, votre main droite saisit le genou gauche pendant que le bras gauche passe devant votre tronc pour aller s'étendre vers la gauche (à ce moment, le buste est dos à l'habituel positionnement).

8. Expirez et basculez votre tronc vers l'arrière – ce qui produit une forte torsion vertébrale – jusqu'à prendre appui sur l'avant-bras gauche. Étirez le bras droit vers le haut en élevant la tête et le regard vers la main pointée vers le ciel.

9. Inspirez en ramenant le buste redressé de face, les bras étirés de chaque côté, les mains flexes.

10. Expirez en vous replaçant dans la posture du départ en le faisant le plus harmonieusement possible de manière à ne pas produire de heurts disgracieux dans le changement de position.

À la fin de cet enchaînement, prenez le temps de méditer quelques instants sur le sens de vos mouvements qui tous, dans le déploiement corporel, expriment votre volonté d'accéder à la qualité de Courage pour la savourer en vous-même et l'utiliser dans le sens de son développement.

167

CHAPITRE 5

168

Seconde pratique debout

Voici une pratique pour édifier les racines du courage en soi.

1. Placez-vous debout, jambes réunies, les mains posées l'une sur l'autre, les pouces en triangle devant le ventre. Dans cette attitude, inspirez et expirez pour établir un état de concentration et inspirez longuement de nouveau.

2. Inspirez en vous détournant vers la gauche de profil pour établir la posture « Courage », saisissez votre pied droit en arrière avec votre main droite et étirez votre bras gauche replié, la main à plat sur l'omoplate gauche, la tête droite en expirant. Puis inspirez en relevant doucement la jambe droite vers l'arrière et vers le haut tandis que votre buste s'étire et se cambre légèrement, tête en arrière.

3. Expirez en basculant le buste vers le bas du côté gauche tout en réunissant vos jambes fléchies. Les bras entourent la tête qui regarde vers le sol sans être relâchée.

4. Inspirez en vous déplaçant vers la droite, tout en restant de face, jambe droite fléchie, jambe gauche tendue et faites un grand port de bras pour placer le bras droit en bas, la main droite dirigée vers la gauche et le bras gauche en haut arrondi au-dessus de la tête, la main dirigée vers la droite. C'est un mouvement très souple et très harmonieux.

5. Expirez en ouvrant les deux jambes en grand plié de face, les pieds dirigés vers les côtés et les bras également, tendus à l'horizontale mains flexes, paumes repoussant l'espace de chaque côté.

6. Inspirez en reprenant le mouvement n° 4 en sens inverse.

7. Expirez en reprenant le mouvement n° 5.

8. Inspirez en revenant à la posture n° 1, puis expirez longuement dans cette attitude.

CHAPITRE 5

Conseil

Cet enchaînement est relativement facile à exécuter. Prenez soin de bien respecter les consignes respiratoires, sans oublier de nourrir un ardent plaisir conjoint à vos efforts de réalisation corps-esprit.

Prenez bien appui sur la plante de vos pieds qui, en contact avec la terre, vous permet d'ajuster votre équilibre physique et la stabilité mentale nécessaires à l'édification des racines du courage en soi. Bonne pratique !

Comment stimuler le courage en soi ?

- **Une motivation :** le courage, accompagné de bienveillance, est la valeur morale la plus admirée dans le monde entier.
- **Une habitude :** regarder en face les difficultés et reconnaître le bon côté des choses.
- **Un exercice :** se souvenir de l'impermanence « cela aussi passera... ».
- **Un exemple :** aider les autres à développer cette valeur en devenant leur référence.
- **Un résultat :** produire des efforts heureux !

170

Les 4 manières de pratiquer le Yeshé Yoga

Toute personne, quelle que soit sa condition physique, doit pouvoir s'exercer au Yeshé Yoga. Avec ces quatre manières de procéder, chacune peut choisir le support de son entraînement : assise sur le sol, sur une chaise, allongée ou debout. Ces différentes applications permettent de pratiquer en cours de yoga sous l'œil attentif d'un professeur, mais également chez soi, sur son lieu de travail ou dans tout autre endroit propice. Quelle que soit l'expression choisie – assise, debout ou allongé –, l'essentiel est votre état d'esprit, c'est pourquoi vous devez prendre le temps d'associer clairement votre positionnement physique à votre positionnement mental et... laisser faire. Courage !

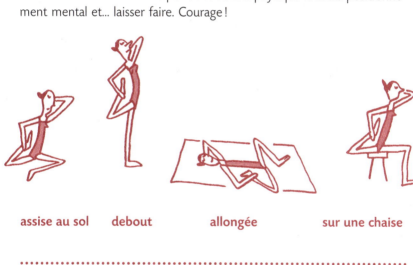

assise au sol   **debout**   **allongée**   **sur une chaise**

CHAPITRE 5

Résumé express pour les plus paresseuses

Si vous retenez déjà ça, ce sera beacoup !

Selon les principes de l'Éducation Essentielle, ayez le courage de :

- vous voir tel que vous êtes ;
- vouloir vous engager dans l'amélioration ;
- vaincre un aspect négatif après l'autre à l'aide de ses propres qualités (persévérance, foi, respect de soi, des autres, etc.).

Le courage implique une volonté de reconnaître les défis et les difficultés comme des opportunités pour renforcer sa détermination dans la souplesse et la modération sans faire faiblir sa force.

Le laisser-aller, le découragement, le stress, le chagrin, affaiblissent les dispositions à rendre votre vie heureuse.

Acceptez de prendre le temps nécessaire pour mettre en place un changement favorable à long terme.

À lire absolument : en particulier les paresseuses !

Si vous n'avez pas perdu de vue votre principal objectif – être bien –, soyez tranquille, moi non plus ! Je sais parfaitement, en vous voyant tourner les pages de ce livre, qu'il y en a que vous passez plus rapidement, certaines vous font sourire et d'autres, heureusement !, vous interpellent... sans compter celles où tout d'un coup les mots vous semblent être du martien ou du jupitérien !

Écoutez-moi bien : il existe des centaines d'ouvrages et d'innombrables textes dans les magazines qui vous racontent une belle histoire, mais ce n'est pas la vôtre, ni d'ailleurs celle de personne. C'est juste une histoire racontée pour vous plaire et ça marche, c'est sûr, mais ça ne vous aide pas à changer. Alors moi, votre amie, un peu particulière d'accord, je ne veux pas vous emmener en galère. Si c'est pour dire des choses que l'on aime bien entendre parce qu'elles font et refont le lit de la passivité, très peu pour moi ! Ce n'est pas comme ça que je vois les bases de notre relation.

Devrais-je, pour vous être agréable, vanter les mérites de la paresse alors que je sais à quel point elle est préjudiciable ?

Se rappeler les avantages de la pratique, c'est prendre conscience du temps qui passe à toute vitesse et éviter de le perdre sous peine de ne jamais plus retrouver l'occasion de vivre une vraie belle vie. Les préoccupations mondaines ne devraient pas prendre toute la place. Qu'importe, au fond, de posséder le dernier it-bag, d'avoir ses habitudes dans la station de ski où l'on doit être vue et d'aller se creuser les rides sous le soleil des V.I.P. ? Un jour viendra où tout cela aura perdu son sens parce que les faiseurs de gros sous, flairant le vent de l'inconstance, décréteront par voie médiatique que les retraites méditatives sont les nouvelles activités branchées. L'on pourra voir les plus « initiés » construire des résidences hôtelières sous

CHAPITRE 5

forme de grottes de yogis à proximité du luxe et du snobisme qui vont avec de telles idées.

Mieux vaut ne pas «confusionner» davantage parce qu'au fond, tout est clair : d'un côté la vie telle qu'elle apparaît et de l'autre, telle qu'elle est réellement.

Quoi que l'on mette dans la première – comme par exemple beaucoup de désirs et d'espoirs, d'activités de toutes sortes, d'agitations émotionnelles, de plaisirs passagers en illusions éternelles –, nous ne serons jamais satisfaites. Il en faudra toujours plus et comme tout change sans cesse, pour une chose gagnée, une autre disparaît.

Dans la seconde, il y a la paix, mais la paix n'est pas un objet matériel, vous ne pouvez la reconnaître qu'à l'état dans lequel vous êtes.

Retour à nos moutons ! Enfin, je veux dire, revenons à notre sujet initial : être bien !

Donc et re-donc, rappelons-nous encore les avantages que nous pouvons retirer de la pratique des principes qui font une vie heureuse. On pourrait aussi dire : pratiquer le yoga de la vie, ce serait également très juste puisque *yoga* signifie «relier à». Mais à quoi ? À beaucoup de choses !

• À vous-même, au sens de votre existence.
• À la force en vous.
• À votre guide intérieur.
• À la fleur d'amour dans votre cœur.
• À l'intelligence inspirée dans votre esprit.
• Au bien-être dans votre corps.
• À la réussite dans votre vie et à la multitude d'amis sincères que tous ces éléments en vous attirent et aux conditions favorables qui vous laissent le choix de poursuivre votre chemin d'évolution.

5e secret d'amitié : soyez secrète

Quand on a décidé d'être efficace vis-à-vis de soi-même, il est inutile de raconter à tout le monde ses bonnes intentions. En parler retire de la force à votre pouvoir d'action et disperse votre esprit. Pour garder intacte votre motivation, vous ne devez pas l'exposer au danger des influences contraires. Et s'il vous est impossible d'en garder le secret, ne le dévoilez pas en entier. Cultivez la sobriété de l'esprit et le bon exemple du corps au travers d'un comportement qui sera l'expression authentique de ce que vous êtes en train de devenir.

CHAPITRE 5

DIX PETITS TRUCS POUR BIEN PRATIQUER

1. Inspirez lentement sans forcer
Expirez toujours complètement.

2. N'ayez l'estomac ni trop plein...
...ni trop vide avant de pratiquer.

3. Pensez à votre dos
Veillez à toujours avoir le dos droit sans rigidité.

4. Surveillez les crispations insconscientes
Détendez votre visage et vos épaules.

5. Pensez à bien respirer
Le plus souvent dans la journée, exercez-vous à respirer dans votre ventre et dans vos reins.

6. Oubliez tout
Laissez tous vos problèmes de côté pendant que vous pratiquez.

7. Soyez vigilante
Gardez tous vos mouvements conscients.

8. Ne vous découragez jamais
Ne vous comparez pas aux autres.

9. Souvenez-vous...
... du résultat souhaité en pratiquant.

10. Faites un pont
Faites du yoga un pont entre vos activités habituelles et votre bien-être.

chapitre 6

Comment soulager ses maux
grâce au yoga

« Et si j'ai toujours un petit problème, ça marche aussi ? »

Discipline corporelle et psychospirituelle, le yoga est une thérapie pour le corps et l'esprit. Il existe autant de disciplines yogiques que de manières de les transmettre. Toutes ces méthodes possèdent une particularité et une orientation définies par le professeur. Avant de vous livrer «corps et âme», investiguez bien le terrain de celui ou celle que vous avez choisi(e) pour guide.

Préventif et parfois même curatif

Essentiellement préventif, le yoga peut s'avérer curatif en certains cas, mais sa pratique ne doit jamais vous dispenser de consulter votre médecin. Capable de soulager vos petits maux quotidiens, le yoga reste principalement un mode de vie, une manière d'être dans son univers personnel.

L'influence des postures de yoga s'exerce sur la globalité des systèmes respiratoire, circulatoire, digestif, nerveux, glandulaire et également sur la charpente osseuse et tendino-musculaire. C'est ainsi que les attitudes, les enchaînements et le travail du souffle entrent en relation avec un ou plusieurs organes, un groupe de tissus, de muscles, une partie de la structure osseuse ou l'ensemble du rachis vertébral.

Toutes les pratiques visent à libérer les tensions musculaires introduites par les états émotionnels, permettant aux différents systèmes de diminuer les pressions ou les blocages. La fonction respiratoire est déterminante : sans elle, rien n'est possible. La première chose à apprendre est donc à respirer, en utilisant pleinement cette capacité en vue de la développer.

CHAPITRE 6

Le yoga peut, et doit être, accessible à tout le monde. Ses nombreuses expressions laissent un libre choix pour tous les goûts, tous les âges et toutes les capacités. Dans le cadre d'un programme thérapeutique, il sera toujours tenu compte des contre-indications.

Le yoga pour entretenir son corps : le yoga égyptien

Votre nouvel adage : **ne rien vouloir faire, ne rien forcer**

Un vrai adage de paresseuse ! En effet, les postures en elles-mêmes favorisent un redressement auto-ostéopathique, c'est pour cela qu'il est demandé de les maintenir sans aucun mouvement, tout en respirant « dedans ».

Le yoga égyptien (*Zéma Taouy*) est une vertébrothérapie qui concerne toutes les petites problématiques liées au dos. La pratique est essentiellement fondée sur les torsions vertébrales dont les effets dissipent les tensions et éliminent les blocages.

Votre pilier
....

La colonne vertébrale est le pilier porteur du temple corporel. L'antique médecine égyptienne, fondée sur l'énergétique, prenait pour intérêt central l'axe vertébral.

....

1. La posture du chandelier pour réduire le mal de dos

Les torsions du tronc constituent le mode de fonctionnement du yoga égyptien. Ces attitudes particulières s'utilisent indifféremment en position assise ou debout.

Asseyez-vous et inspirez en montant les bras à la hauteur de vos épaules ; expirez en détournant les bras sur un côté en maintenant la tête, le tronc, les hanches et les jambes dans la position initiale. Reprenez plusieurs fois lentement de chaque côté.

Bienfaits : redressement et assouplissement vertébral. Rééducation des « dos ronds ».

CHAPITRE 6

182

COMMENT SOULAGER SES MAUX GRÂCE AU YOGA

2. L'enchaînement de l'aigle pour rassembler l'énergie

1. Restez assise sur votre chaise ou placez-vous debout, pieds joints, bras étirés de chaque côté du tronc, en présentant la paume de vos mains face à l'extérieur.

2. Inspirez en fermant vos mains sur l'énergie.

3. Expirez en repliant vos avant-bras, les poings viennent toucher les épaules, les coudes sont contre les flancs.

4. Inspirez en ouvrant les coudes de chaque côté, bras relevés.

5. Expirez en étirant les avant-bras en avant, coudes soutenus horizontalement, les poings toujours fermés (comme si vous teniez le volant d'un camion).

6. Puis reculez la pression des coudes vers l'arrière et inspirez en montant vos bras verticalement. Vous êtes alors en chandelier. Expirez en ouvrant à présent vos mains, leurs paumes sont face à votre tête qui se trouve dans l'encadrement de vos bras. Inspirez en descendant les bras dans l'ordre inverse de la montée.

183

3. La marche égyptienne, un hiéroglyphe de joie et de lumière

1. Inspirez et faites un pas en avant avec le pied droit tout en détournant votre buste vers la gauche ; expirez en gardant l'attitude. Vos hanches, vos genoux et vos pieds parallèles sont dirigés vers l'avant, tandis que votre tronc, vos épaules, vos bras et votre tête sont tournés vers la gauche.

Cela est très important pour commencer le travail en torsion dans le positionnement impeccablement juste. Prenez le temps de bien sentir votre corps en place comme il est indiqué.

2. Reprenez exactement le même mouvement en avançant cette fois votre pied gauche et en vous détournant en torsion vers la droite. Puis revenez au centre en fermant les pieds côte à côte.

Placez vos bras en chandelier, les pieds l'un devant l'autre en parallèle. Avancez le pied gauche tandis que vous effectuez une torsion du tronc à gauche tout en tournant la tête à droite. Puis avancez le pied droit en effectuant une torsion du tronc à droite tout en tournant la tête à gauche. Le dos est droit, soutenu par les bras. Les jambes sont allongées et la marche rythmée par le souffle régulier : un pas, inspiration, un pas, expiration.

Exercez-vous à cet ensemble postural debout et assise sur une chaise ; là il n'y aura pas de pied à déplacer, mais tout le reste est identique.

4. L'assise égyptienne et l'oiseau

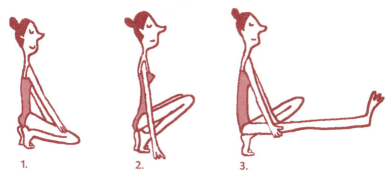

1.   2.   3.

1. Reprenez cette position et essayez de la maintenir le plus longtemps possible en respirant calmement. Détendez bien le bas de votre dos et gardez les orteils totalement repliés pour étirer la voûte plantaire au maximum.
2. Relevez les genoux en déplaçant le poids du corps vers l'arrière, toujours en appui sur vos orteils repliés (flexes). Assurez votre équilibre en touchant le sol du bout des doigts de chaque côté des fessiers ! Maintenez le dos droit et respirez calmement.
3. Inspirez en libérant la jambe droite que vous allez tendre devant vous – ni trop haut ni trop bas, juste devant – et expirez.
Maintenez la posture en plaçant vos mains sur vos cuisses et en respirant tranquillement. En fait, le talon gauche est placé contre le périnée pour vous servir de point d'appui.

Bienfaits : cette posture renforce les grands muscles de votre dos, tout autant que la ceinture abdominale et les jambes. C'est une posture d'équilibre qui va vous aider à vous situer dans l'espace et vous obliger à vous concentrer pour y arriver.

Contre-indication : la seule contre-indication est un problème de genoux.

CHAPITRE 6

1.   2.   3.

TORSION DU TORSE

RETOUR

4.   5.   6.

5. La bannière de victoire

1. Asseyez-vous les jambes repliées sur le côté, l'une au-dessus de l'autre. Respirez calmement en étirant votre dos tout en restant assise sur vos fesses.

2. Inspirez et soulevez-vous en appui sur votre bras droit ; les jambes n'ont pas bougé, elles sont toujours l'une sur l'autre mais tendues.
Montez en même temps le bras gauche au-dessus de la tête, dans l'alignement diagonal du mouvement. Expirez dans cette position.

3. Inspirez en descendant l'avant-bras droit sur le sol et en vous posant jambes allongées contre terre.

4. Dans le mouvement, exécutez une torsion du tronc en allant poser votre bras gauche à côté du droit et en tournant votre tête vers le bas à droite. Expirez en maintenant cette position.

5. Inspirez en détournant doucement votre buste de face tandis que le bras droit reste en appui contre le sol et le gauche s'élève verticalement vers le ciel. La tête regarde la pointe des doigts élevés. Expirez dans cette attitude.

6. Puis revenez à la positon de départ **1.** en repliant les jambes de l'autre côté.
Prenez le temps de bien positionner votre assise et reprenez le même enchaînement postural vers la gauche.
À pratiquer de 2 à 4 fois de chaque côté.

Bienfaits : il s'agit toujours d'un travail en torsion qui déverrouille le bassin et renforce les épaules, les poignets et les bras. Les colonnes vertébrale et cervicale sont assouplies. L'ensemble dégage davantage de mobilité tout en tonifiant le dos et le ventre.

CHAPITRE 6

Et si **vous vous régénériez ?**

Avouez que l'idée de devenir une nouvelle paresseuse, tout neuve, est alléchante... Alors, lisez ce qui suit et entraînez-vous.

1. La chandelle

C'est une posture aux bénéfices exceptionnels dus à la stimulation exercée au niveau de la glande thyroïde. Son action devient fortement régénérante lorsque la pratique est régulière.

1. Asseyez-vous de profil, le côté de votre corps plaqué contre un mur, pieds et genoux serrés. Levez une jambe collée au mur, en pivotant de manière à vous retrouver les fesses contre le mur, puis levez l'autre jambe verticalement près de l'autre, en étendant le dos sur le sol, les bras le long du tronc. La respiration devient calme. La nuque doit être bien étirée, placez votre menton le plus près de la poitrine. Puis lentement et doucement, relevez votre tête vers l'avant. Ne maintenez pas la tête relevée, mais effectuez plusieurs allers et retours de lever-et-poser la tête, en guise d'échauffement. Séparez-vous ensuite de votre mur et pratiquez la chandelle en toute sécurité. La respiration est calme, son rythme est régulier.

COMMENT SOULAGER SES MAUX GRÂCE AU YOGA

2 et 3. Jambes tendues verticalement, inspirez puis expirez en prenant votre élan pour vous dresser sur vos épaules et étendre de nouveau les jambes vers le haut. Les mains soutiennent le bassin.

4. Inspirez-expirez, étirez les bras en arrière. Maintenez la posture sans aucune tension au niveau de la nuque.

Bienfaits : la chandelle régénère l'organisme tout entier, dénoue les tensions musculaires, active la circulation, améliore la vue et entretient la volonté dans la persévérance.

Contre-indication : si vous avez des problèmes de nuque.

CHAPITRE 6

2. La charrue

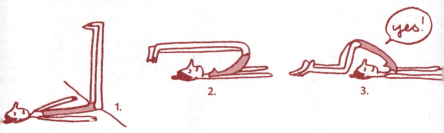

1. Allongez-vous sur le dos, les bras le long du corps, paumes des mains tournées vers le sol. Inspirez largement et expirez en montant les jambes tendues verticalement, puis laissez-les aller en arrière jusqu'à poser la pointe de vos pieds à terre. Conservez la posture et respirez tranquillement quelques instants.
Si vous êtes naturellement souple (et douée), vous pouvez vous exercer à ce mouvement parfait, mais attention à la très profonde extension des vertèbres cervicales. À pratiquer sous réserve de facilité préalable.
2. Le poids de votre corps va maintenant appuyer sur vos orteils. Repliez doucement les jambes pour amener les genoux dans l'encadrement de la tête. Dans cette attitude et sans forcer, inspirez-expirez.
Si vous êtes avancée dans le travail des *âsanas*, vous allez pouvoir encercler vos cuisses avec vos bras – mais seulement si vous êtes habituée à l'exercice du yoga.

Bienfaits : régénérescence vertébrale par tonification musculaire et nerveuse, harmonisation des systèmes glandulaire et circulatoire. La charrue est aussi la posture mange-graisse du ventre et de la taille. Elle provoque un étirement complet de tout le corps en ouvrant un espace de liberté dans la région du dos et des reins.

Contre-indication : identique à la chandelle.

3. Le grand triangle

1. Placez-vous les jambes largement ouvertes, pieds parallèles. Tournez votre pied droit en ouverture vers l'extérieur et votre pied gauche rentré vers l'intérieur.

2. Inspirez en étirant vos bras de chaque côté, expirez en penchant le buste latéralement sur le côté droit et en fléchissant la jambe droite.

3. Descendez votre buste latéralement puis posez la main droite à côté du pied droit en étirant le bras gauche dans le prolongement du buste et de la jambe gauche. La tête est tournée vers le haut. Maintenez la posture le temps de respirer en dix allers-retours. Faites une pause et reprenez de l'autre côté.

Bienfaits : l'étirement intense travaille les muscles en longueur et en affinement, notamment au niveau du ventre et de la taille. D'autre part, la respiration renouvelée de 5 à 10 fois dans le maintien postural développe votre capacité pulmonaire et tonifie votre cœur. Enfin, la pratique régulière du grand triangle stimule votre métabolisme dans ses processus digestifs et éliminatoires, débloque les tensions et soulage le nerf sciatique.

Contre-indication : si vous souffrez d'hypertension.

4. Posture de la sagesse

Elle porte ce titre prometteur parce qu'elle fut inventée par un grand sage. À part cela, elle s'exerce dans la torsion vertébrale. C'est une posture antifatigue et antivieillissement. Rien de moins que ça !

Première version

Cette version permet à toute personne de s'exercer à la posture sans danger. Une fois bien dans les « marques » de votre corps, vous pourrez étudier la seconde.

1. Asseyez-vous sur le sol, les jambes allongées devant vous, pieds joints. Repliez votre jambe droite en posant le pied droit en avant et contre le genou gauche.

2. Vous allez maintenant effectuer une torsion du tronc vers la droite en maintenant votre pied droit avec votre main gauche. Le bras droit se place à l'arrière et au-delà du bassin. Votre tête et vos épaules sont tournées dans le sens de la torsion vers la droite. Votre dos doit être le plus détendu possible pour que la torsion soit bénéfique, tout en étant bien droit. Inspirez-expirez quelques instants dans cette posture et reprenez de l'autre côté.

Seconde version

Il s'agit maintenant d'une double torsion du tronc. Cette pratique est donc réservée aux pratiquantes déjà avancées dont le corps est assoupli correctement.

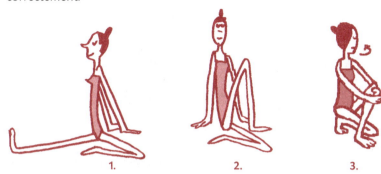
1.   2.   3.

1. Asseyez-vous sur votre tapis d'entraînement. Repliez la jambe gauche, les deux mains appuyées sur le sol en arrière.
2. Repliez ensuite la jambe droite au-dessus de la jambe gauche, genou face à la poitrine.
3. Puis entourez votre dos avec le bras droit, tandis que la main gauche se pose sur le genou gauche. Le genou droit se trouve bloqué sous le bras gauche. Effectuez une torsion vertébrale en détournant la tête et le regard au-dessus et par-dessus votre épaule droite. Maintenez la posture. Inspirez, expirez. L'action de déverrouillage se poursuit lors du maintien de la posture. Le corps, immobile dans la forme qui lui est imposée, laisse le passage libre à l'écoulement de l'énergie.

Bienfaits : déverrouillage vertébral assuré par un assouplissement complet de la colonne. C'est donc une action bienfaisante sur les membres mais également sur les organes et leur fonctionnement. Les paresseuses y trouveront un remède à la lassitude et un grand stimulant du corps et de l'esprit.

5. Un plancher en béton

Après l'accouchement ou lorsque l'on vieillit, le plancher pelvien accuse une nette tendance à se relâcher. Ce petit exercice est une gymnastique yogique qu'il convient de pratiquer le plus souvent à titre préventif, et quotidiennement lorsque les problèmes se présentent.

1. Allongez-vous sur le dos contre le sol en repliant vos jambes, les pieds légèrement espacés, posés bien à plat.
2. Inspirez et contractez le périnée en relevant l'anus. Gardez la pression et votre souffle poumons pleins le temps de compter jusqu'à six, puis expirez en relâchant progressivement le périnée.
Puis, reprenez le même exercice de 10 à 50 fois sans vous presser et sans vous énerver, car au début vous aurez des difficultés à maintenir la pression. Votre périnée essayera de se libérer de cette contrainte, mais ne cédez surtout pas et poursuivez votre entraînement.

6. La table

Assise au départ, repliez vos jambes et montez vos pieds, vos jambes puis votre bassin pour répartir le poids de votre corps sur vos pieds, vos poignets et vos bras, exactement comme une table repose également sur ses quatre pieds. Maintenez votre tête dans le prolongement du dos.

Au début, l'exercice paraît difficile, mais son entraînement régulier allège la pratique.

Bienfaits : si vous souffrez de problèmes de hanches, la posture de la table est un soulagement.

Contre-indication : la table est contre-indiquée en cas de douleur de l'épaule.

7. Le bâton

Assise, les jambes tendues devant vous, étirez vos bras au-dessus de la tête en descendant les épaules.

Restez dans cette position en respirant profondément une dizaine de fois.

Bienfaits : dans cette attitude maintenue, vous bénéficiez d'un grand étirement propre à soulager la région lombaire, à condition de relâcher le bas de votre dos. Mais gardez bien les bras tendus, la tête droite et les épaules abaissées.

CHAPITRE 6

« J'ai mal **au dos !** »

Voici quelques postures pour soulager votre dos et toute la région dorsale.

1. L'équerre

Allongée sur le dos, le menton ramené vers le bas, les jambes jointes et allongées vers le haut, maintenez les jambes dans cette posture à l'aide de vos bras le temps de 10 inspirs-expirs.

2. Le chien

À adopter en cas de station assise prolongée, de dorsalgie ou de surmenage musculaire, le chien est une posture de compensation qui va pour autant renforcer la musculature dorsale en rééquilibrant l'axe vertébral.

3. La barque

C'est une posture anti-mal de dos par excellence.
Allongez-vous sur le dos, les jambes repliées, les pieds posés sur le sol. Inspirez et à l'expir, laissez vos jambes se tendre et monter, en

même temps que le buste, de manière à former une barque équilibrée. Vos bras se posent contre vos jambes. Restez ainsi quelques secondes. Allongez-vous puis reprenez.

Un petit tour du côté de l'ostéopathie !

Sur le dos, repliez la jambe droite sur la gauche, le bas de votre corps se tourne alors vers la gauche, les deux jambes sont repliées, les épaules sont au sol et la tête tournée vers la droite. La main gauche appuie légèrement sur le genou droit qu'elle aide à se poser par terre (impact sur le nerf sciatique). Le bras droit s'étire dans la diagonale vers la droite. Respirez profondément plusieurs minutes dans la posture.

Bienfaits : cette posture déverrouille l'articulation sacro-illiaque (bas du dos et des hanches) et a une action anti-inflammatoire sur le point de sortie du nerf sciatique (au centre de la fesse).

Contre-indication : en cas de traumatisme au niveau du cou, abstenez-vous de tourner la tête.

4. Le crocodile

Par son action de mobilisation des zones particulièrement sensibles (sacrum, lombaires, hanches, colonnes vertébrale et cervicale, épaules, chevilles), la posture du crocodile est la posture antidouleur des lombaires et dorsales.

Allongée sur le dos, jambes jointes et repliées, pieds posés à plat sur le sol, inspirez en laissant basculer vos jambes sur un côté tout en gardant les pieds posés souplement contre le sol. Expirez en dégageant une jambe repliée que vous élevez vers votre épaule avant de laisser son poids descendre et se poser sur le sol. Les bras sont étendus de chaque côté et vous restez à plat sur le dos, une épaule souplement décollée.

Bienfaits : extrêmement relaxante, cette posture soulage les compressions du nerf sciatique.

C'est l'exercice conservateur de la jeunesse par excellence qui, par ailleurs, prévient et améliore les problèmes de fuites urinaires et de distension des tissus vaginaux.

Le yoga pour gérer ses émotions : le *Pranayama*

Le yoga **du souffle**

La fonction respiratoire prend en charge le souffle qu'elle transporte avec ses éléments vitaux dans chaque parcelle de notre être par le biais des échanges intracellulaires. Ajoutez à cela que le souffle véhicule la plus petite parcelle de nos courants émotionnels et vous comprendrez tout de suite que le yoga des émotions est le *Pranayama*, autrement dit le travail sur la respiration.

Attention !

La thérapie par le souffle ne peut en aucun cas être pratiquée au hasard, ni même avec de bonnes indications fournies dans un livre. Je ne vais donc pas m'aventurer à vous perdre dans la forêt, mais vous conseiller de consulter en premier lieu votre médecin qui sera le plus avisé pour vous permettre de vous engager ou pas dans la démarche du yoga du souffle. Cette précaution est indispensable en cas de dépression aggravée, de spasmophilie, de névroses et de psychoses. Maintenant, s'il s'agit d'agitation caractérielle sans gravité, d'insomnies, de légère anxiété, alors je vous ai concocté un programme de relaxation dont vous me direz des nouvelles !

CHAPITRE 6

Votre programme personnalisé

Il vous arrive parfois de vous sentir abattue, déprimée, avec un moral fatigué, comme ça, pour rien ou presque ?

Ces moments sont souvent repérables en fin de journée lorsque la lumière décline, en automne pour la même raison et en hiver parce que le soleil s'éloigne trop longtemps. C'est ce que l'on appelle les déprimes saisonnières : rien de bien grave si vous savez les reconnaître à temps, avant qu'elles ne prennent plus d'ampleur. À partir de là bien entendu, vous devez agir dans le bon sens. Le yoga dont il est question ici va vous y aider.

Techniques de yoga antistress

• **Ouvrez votre esprit comme on ouvre une grande fenêtre pour élargir son horizon**

Ça, vous pouvez le faire n'importe quand et n'importe où. Tant que vous restez coincée entre les problèmes quotidiens et les désagréments qu'ils occasionnent, vous érigez des frontières, semblables à des murs de prison qui bloquent le passage des solutions et du mieux-être. La vision que vous avez alors de vous, des autres et de votre existence est rétrécie. Vous ne pouvez contempler que ce qui se passe dans l'immédiat et le faisant, sans le vouloir, vous vous y complaisez, puisque vous y restez !

En sortir, c'est élargir le champ, comme l'on fait avec un zoom photographique grand angulaire. L'espace s'ouvre et laisse apparaître une foule d'éléments invisibles auparavant. Faites attention à cet instant précis : il contient les réponses à vos questions, la solution de votre problème et la possibilité de le résoudre.

• **Puis ouvrez tout grand la fenêtre de votre esprit**

Où que vous soyez, quoi que vous fassiez, arrêtez de gamberger. Stop au conflit intérieur, stop à l'appesantissement et au brassage des pensées. Accordez-vous une récré et regardez autour de vous. Vous allez trouver plus heureuse et plus malheureuse que vous ne l'êtes. Eh bien, placez-vous entre les deux, volontairement, choisissez d'être libre du bonheur et libre de son contraire, car les deux ont un prix. Cessez de payer et même d'avoir envie de le faire, laissez votre esprit tranquille !

Le yoga des yeux

La gymnastique oculaire passe par l'entraînement des nerfs optiques qui transmettent une dynamique pacificatrice au système neurovégétatif et une stimulation fonctionnelle de la glande pinéale. L'action thérapeutique intervient dans le cadre d'une pratique régulière améliorant les problèmes dépressifs et anxieux.

1. Horizontalement

Assise sur une chaise, la tête droite, les pieds posés à plat sur le sol, les mains sur les genoux.

Déplacez vos yeux, sans bouger la tête, vers la droite et vers la gauche tour à tour, assez rapidement, une dizaine de fois en respirant calmement.

2. Verticalement

Toujours sans bouger la tête, descendez votre regard sur le sol, puis inspirez en élevant vos yeux jusqu'au plafond, expirez en les descendant verticalement sur le sol. Reprenez, une dizaine de fois, de la même manière, lentement en suivant votre souffle.

3. En cercles complets

Imaginez un point devant votre champ de vision, faites tourner vos yeux horizontalement largement autour de ce point, 5 fois dans le sens

CHAPITRE 6

des aiguilles d'une montre et 5 fois dans l'autre sens, tout en respirant calmement.

Puis reprenez en cercles très larges, cette fois vos yeux partent du centre, s'élèvent, tournent vers la droite, descendent, tournent vers la gauche, reviennent en haut et se replacent au centre.

Une fois en allant en premier vers le haut et vers la droite, et une autre fois en allant en premier vers le bas et vers la gauche.

Entraînez-vous !

Ces exercices vont beaucoup vous détendre, mais il faut vous y habituer ; aussi entraînez-vous progressivement en pratiquant horizontalement et verticalement pendant 1 mois, puis seulement en cercles complets le mois suivant et vous verrez ensuite ce qui vous convient le mieux. Vous pourrez aussi, si vous le souhaitez, pratiquer l'ensemble au bout de quelques mois d'entraînement.

Yoga *Pranayama*

Les exercices yogiques *Pranayama* engagent une action profonde sur les centres psychiques et vos états d'esprit qui découlent de leur équilibre. Le contrôle du souffle effectué au cours du yoga *Pranayama* favorise la détente et la concentration. Le mental se stabilise et l'agitation des pensées se calme. De ce fait, le fonctionnement cardiaque s'apaise et le rythme du cœur se régule. L'action des cellules nerveuses s'harmonise, votre esprit devient clair et précis.

1. Assise sur une chaise, prenez conscience du mécanisme respiratoire : observez vos inspirs-expirs, en restant attentive aux sensations qu'ils vous procurent lorsque l'air pénètre dans vos narines et suit son trajet dans votre corps. Faites cela tranquillement 2 minutes environ.

202

COMMENT SOULAGER SES MAUX GRÂCE AU YOGA

À présent, visualisez le souffle descendre à l'inspiration dans votre corps et remplir le bas de votre dos en même temps que le ventre. Puis laissez-le remonter à l'expiration et s'évacuer par les narines. L'important ici est de remplir votre dos, jusqu'en bas dans la région sacro-lombaire. Avec votre souffle, soyez attentive à la sensation d'ouverture qui indique que vous avez lâché les retenues et autres accroches dans ces régions. À pratiquer 2 minutes également.

Conseil

Je vous conseille de vous entraîner longuement et souvent à ces deux exercices qui feront des merveilles si vous leur restez fidèle. Non seulement ils développeront votre capacité respiratoire et de ce fait amélioreront votre santé physique et psychologique, mais ils vous apporteront un bien-être instantané. C'est pourquoi j'insiste pour que vous les pratiquiez très régulièrement parce que je connais tous les bienfaits qu'ils vous réservent.

CHAPITRE 6

COMMENT SOULAGER SES MAUX GRÂCE AU YOGA

Secret d'amitié n° 6 : pensez à vous hydrater

La paresse est une maladie (oui, j'ai bien dit une maladie) subtile. Oh ! ne m'en voulez pas de vous dire cela parce que je crois que nous en souffrons toutes plus ou moins. Le problème en est la conséquence, entraînant avec elle son manque de réalisation et nos frustrations.

Aujourd'hui, je vous donne un petit truc anti-maladie de paresse : il s'agit de mieux hydrater votre corps.

Responsable de la méchante petite fatigue chronique, du manque d'attention et de concentration, de l'envie de dormir la journée, des réflexes lents, voilà les signaux qui doivent vous alerter : votre organisme manque d'eau.

Pas soif ? Eh bien, comme il en va de récupérer votre belle énergie, forcez-vous à boire, mais pas n'importe quoi ! Exit le Cosmo ou autre cocktail girly ! Pour vous, ce sera de l'eau tiède, du thé vert, des tisanes. Croyez-moi, c'est tout simple, mais tellement efficace.

CHAPITRE 6

DIX PETITS TRUCS POUR ALLER MIEUX

1. Intéressez-vous aux Fleurs de Bach qui soignent l'esprit
Clematis pour les paresses récurrentes...

2. N'ayez pas peur du changement
Fuyez les habitudes.

3. Oubliez-vous
Regardez ce qui se passe autour de vous !

4. Prenez des vitamines régulièrement
C et E principalement.

5. Dormez suffisamment
Couchez-vous tôt !

6. Arrêtez de fumer
Tout de suite !

7. Fuyez les bains de soleil prolongés...
... sur le visage.

8. Surveillez votre poids
Le régime pâtes est très efficace.

9. Aimez passionnément la vie que vous vivez
Sinon, essayez d'en changer

10. Devenez extrêmement généreuse en tout
Vous irez beaucoup mieux !

chapitre 7

Comment apprendre
à méditer

COMMENT APPRENDRE À MÉDITER

Méditer, moi ?

Et pourquoi pas ?

On peut méditer assise, debout immobile, en marchant ou encore allongée.

Quelle que soit la position, la méditation est un état d'être bénéfique.

Mais qu'est-ce que c'est ?

D'abord, clarifions les idées fumeuses sur le sujet, parce que croyez-moi, il y en a ! Institutionnellement, la méditation est la pacification du mental. Facile à dire, mais comment faire ?

En premier lieu, oubliez les associations de mauvais goût telles que : « La méditation, c'est une secte, ça rend triste, c'est ennuyeux, ça ne sert à rien et de toutes façons je n'ai pas le temps. » Parce que tout ce bla-bla relève d'un manque de connaissance et des influences de l'ignorance. Puisque vous lisez ce livre, c'est au moins qu'une certaine curiosité vous y pousse. Établissez votre jugement personnel et vous verrez bien si cela vaut la peine de vous engager sur la voie de l'effort joyeux.

Ne vous y trompez pas !

« Nul besoin de temples. Nul besoin de philosophies compliquées. Notre cerveau et notre cœur sont nos temples. »
Sa Sainteté le Dalaï-Lama

209

CHAPITRE 7

Une relaxation profonde

La méditation fait partie du yoga; les postures, les enchaînements, les exercices respiratoires sont des éléments de la méditation qui agissent en tant que relais et unification du corps et de l'esprit. En vous appliquant à méditer quotidiennement, vous trouverez ce que vous cherchez dans la mesure de votre ouverture intérieure.

● **Le bien-être en premier ?**

C'est comme si c'était fait! Dès l'instant où vous lâchez prise, le corps et l'esprit se détendent, la respiration s'élargit, ce sont là les premiers symptômes du mieux-être.

● **Un remède contre le stress ?**

Le temps utilisé à méditer dénoue les tensions physiques et mentales et abat les défenses d'autoprotection qui ne servent qu'à aggraver votre problématique face aux éléments stresseurs.

Le calme méditatif est semblable à la brise soufflant sur vos idées brouillées comme sur des nuages dans le ciel jusqu'à ce que le temps se lève et découvre la lumière du soleil. Par la suite, grâce à la persévérance, votre pratique affinera vos perceptions, vous deviendrez plus réceptive, claire et précise en vous. Votre existence quotidienne s'en ressentira d'une manière extrêmement positive et, au fur et à mesure de votre progression, vos sujets de préoccupation pourront se modifier.

Des questions essentielles, comme le sens de la vie, viendront remplacer certaines futilités auxquelles pour le moment vous attachez tant d'importance (au hasard : mais comment fait-elle pour être aussi glamour ?).

Mais chaque chose en son temps et si vous le voulez bien, jetons un petit coup d'œil, ensemble, sur ce qu'est ou n'est pas la méditation. Toutefois, bien que la pratique méditative apporte calme et bien-être immédiats, il ne faut pas l'assimiler à une forme de relaxation. Disons plutôt que la méditation est un joyau dont l'écrin est la relaxation profonde.

À la différence entre l'état passif de la relaxation et la détente du corps et de l'esprit produite par la méditation, s'ajoute l'accession à un état de conscience supérieur développé seulement au cours de la pratique. La paix ressentie en ce cas n'est nullement comparable à l'état ordinaire de la relaxation et, qui plus est, elle est durable.

Malgré tout, il ne faut pas se leurrer, pour bien méditer, il faut bien s'entraîner.

La durée quotidienne est de 5 à 15 minutes pour les débutantes, renouvelées 2 ou 3 fois dans la journée pour les intermédiaires. Plus tard, avec la compréhension acquise et la motivation éveillée, il sera question d'extension...

La méditation, c'est :

- Un état d'être
- Une philosophie de vie
- Une culture personnelle
- Une orientation individuelle
- Un ensemble de techniques
- Une discipline, un engagement
- Un choix, une détermination
- Une volonté de progresser dans son propre bon sens
- Une thérapie du corps et de l'esprit
- Un soin adapté de guérison des perturbations mentales
- Une ouverture de l'esprit à la connaissance de son être
- Une pratique spirituelle
- Un chemin en soi

La méditation, ce n'est pas :

- Un truc à la mode
- S'asseoir et rêvasser
- Attendre que quelque chose se passe
- Un produit miracle
- Une action magique
- Un moyen de tromper les autres ou soi-même
- Une attitude égocentrique
- Une pratique religieuse ou réservée aux initiés
- Ne plus penser à rien
- Un système de croyance
- Une méthode et rien d'autre
- Une pratique intello-mystico-placebo
- Entrer en secte

COMMENT APPRENDRE À MÉDITER

- Un calme durable
- Une voie d'éveil
- Le «lieu» (en soi) de toutes les réalisations

- Perdre son temps
- Un sujet de conversation mondaine
- S'endormir ou paresser

La méditation, à quoi ça sert ?

À une foule de choses. Vous voulez une liste ? D'accord. La méditation, ça sert à :
- se sentir mieux, se sentir bien ;
- être en paix avec soi-même et le monde entier ;
- devenir meilleure ;
- comprendre son fonctionnement intérieur ;
- tranquilliser son esprit ;
- modifier ses états d'être ;
- encadrer son mental ;
- soutenir la réflexion et acquérir la concentration ;
- apaiser les expressions émotionnelles négatives ;
- développer ses belles qualités ;
- trouver la force en soi et la stabilité ;
- développer sa créativité ;
- produire le calme en soi ;
- recevoir les réponses à ses questionnements ;
- rencontrer son guide intérieur ;
- créer une habitude positive pour se débarrasser des négativités ;
- soigner son esprit ;
- se connecter à la nature authentique de l'être ;
- intégrer les enseignements spirituels ;

CHAPITRE 7

- comprendre le sens de son existence ;
- trouver en soi les moyens de réaliser son projet de vie ;
- se rapprocher du bonheur véritable.

La toute première fois

Les bonnes conditions et les écueils à éviter

Si vous vous sentez prête, nous pouvons commencer la première séance. Asseyez-vous sur une chaise ou sur un zafu (coussin de méditation) et portez votre attention sur votre respiration uniquement. Ne faites pas d'effort pour cela, simplement, chaque fois que votre esprit produit une pensée nouvelle, laissez-la passer sans la rejeter, mais ramenez gentiment votre mental sur votre souffle. Souvenez-vous que la tranquillité est l'état naturel de votre esprit, rien d'autre à faire donc que d'y revenir.

L'inspiration et l'expiration s'accomplissent dans le silence intérieur : mettez-vous à l'écoute de votre doux silence, goûtez-le comme on goûte un nectar de bonheur, un nectar de vie. Laissez lentement s'accomplir l'œuvre silencieuse de la méditation en vous, sachez que tout est bien, que vous avez le temps, que vous êtes libre. Maintenant, vous et moi, nous allons partager le silence... en silence.

Les bonnes conditions

- Un endroit calme.
- Une heure propice (choisissez un moment où vous ne serez pas dérangée).
- Une santé équilibrée tant physique que psychique.
- Un environnement favorable ou neutre, c'est-à-dire une famille ou des amis qui ne critiquent pas votre motivation.

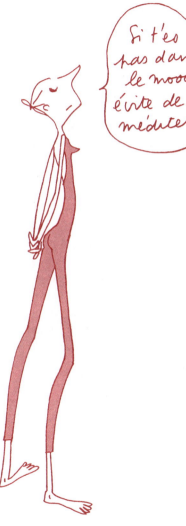

CHAPITRE 7

• Commencez votre apprentissage lorsque vous avez l'esprit tranquille (sans trop de préoccupations donc).

Les écueils à éviter

• Les désirs insatiables : toujours besoin de faire quelque chose, d'aller et de venir, d'entreprendre, de parler, de rire, de bouger.
• Tenter de méditer au milieu du bruit, de vos nombreuses activités, pendant la digestion, lorsque votre esprit est perturbé.
• La méditation ne fait pas bon ménage avec la prise d'alcool ou d'autres toxiques.
• La colère et l'anxiété sont des barrages à la méditation.

Comme Bridget, tenez un journal !

Vous pouvez, si vous le voulez, tenir un petit journal de bord « méditation ». C'est une démarche utile et très intéressante. Vous y annoterez vos premières impressions, bonnes ou mauvaises, sans négliger aucun détail. Vous y inscrirez le temps consacré et toutes les pensées qui sont venues vous rencontrer. C'est un moyen très efficace pour commencer à entreprendre votre guidance personnelle. Une manière radicale d'observation de vous-même et de recentrage. La séance d'après sera imprégnée de ce travail et en sera améliorée.

Deuxième séance : à quoi sert la méditation dans la vie quotidienne ?

Retrouvons-nous pour méditer ensemble et prendre pour support la première expérience méditative.

Tout de suite, reprenez votre bonne habitude et installez-vous dans une posture confortable mais vigilante. Exit l'avachissement dans le canapé donc.

Puis soyez attentive à la respiration. Quelques instants dans le silence du souffle et voici venu le moment du partage. Aujourd'hui, ce ne sera pas seulement entre nous, mais étendu à tous les êtres vivants de la planète. Tous, comme nous, sont dotés du mécanisme respiratoire par lequel pénètre le pouvoir de vie ; tous, comme nous, sont en recherche du bien-être, en quête du bonheur, attentifs à éloigner et rejeter la souffrance.

Inspirez donc, consciente de l'élément vital que vous absorbez, et expirez en imaginant que le pouvoir de votre souffle traverse l'espace et rejoint chaque souffle inspiré à l'instant par tous les êtres. Souhaitez très fort que la vie transportée par votre expiration revitalise chaque être et lui donne les moyens d'être bien. Ne cherchez pas la logique dans tout cela, ne réfléchissez pas, laissez votre cœur imprégner le courant de votre souffle et méditer ainsi sans autre influence que votre générosité. (Évidemment, n'oubliez pas d'expirer...)

D'une manière générale, le fait de prendre un peu de recul, un peu de repos, un peu de calme, rend la vie quotidienne plus confortable. Si chaque jour vous devenez capable de vous éloigner de vos propres agitations, je peux vous certifier que tout ira beaucoup mieux dans votre tête, dans votre corps et même dans votre vie.

CHAPITRE 7

Le premier service rendu par la méditation est de vous accorder un moment de paix, le deuxième est celui d'installer cette paix durablement à condition de programmer un rendez-vous méditatif régulier.

Ce que va vous apporter la méditation

1. Un meilleur caractère
La pratique de la méditation va adoucir votre caractère et, s'il est déjà tendre, elle va le rendre encore plus velouté : vous deviendrez un vrai délice pour votre entourage et vous connaîtrez le bonheur d'avoir un esprit paisible.

2. Une vraie sérénité
Dans la méditation, l'esprit et le cœur ne font qu'un, les deux se rafraîchissent à la même source de tout amour sans aucune saisie. Après avoir goûté à cette expérience, le cœur des autres vous apparaît semblable au vôtre et plus jamais vous ne manifesterez l'envie de les blesser. C'est quelque chose qu'il faut avoir vécu pour le comprendre et pour ce faire, il n'y a que la pratique méditative.

3. Des vacances !
Le troisième service rendu par la méditation est d'offrir des vacances à vos nerfs. Le cerveau, ordinairement compressé entre les turbulences émotionnelles, le stress des retards, l'anxiété des attentes et les projections de toutes sortes, se trouve bien souvent en difficulté lorsqu'il s'agit de mettre de l'ordre dans tout cela. La méditation étend sa plage de bien-être à l'instant même où vous décidez de vous poser. La surcharge des pensées, des désirs, des tensions négatives s'évanouit au contact de l'esprit impétueux méditant. Alors, votre cerveau détend ses nerfs, régule l'orga-

COMMENT APPRENDRE À MÉDITER

nisme, harmonise ses échanges, bref, accomplit sa mission véritable, celle de maintenir l'ordre vital en toute liberté.

Méditer, c'est...

... bâtir sa maison corps-esprit sur le territoire de la paix,
... baigner son cœur dans les eaux limpides de la sérénité,
... savoir attendre sans attentes.
La méditation, c'est la sagesse de l'esprit, la lumière du mental, la tranquillité du cœur et la force du corps.

4. Un état de conscience supérieur

Le quatrième service rendu par la méditation est de vous permettre d'accéder à des états de conscience supérieurs. Le fonctionnement habituel s'effectue au travers du corps et du mental avec un peu de cœur authentique et beaucoup de cœur égocentrique.

Ça, c'est votre sale manie de tout ramener à vous. Vous pensez vouloir le bonheur de l'autre à condition qu'il passe par le vôtre.

Bon! Cela est l'éternel sujet de contestation sur lequel, à mon avis, il est terriblement nécessaire de méditer. Nous n'allons pas nous disputer, on en a déjà parlé. Maintenant, il reste à méditer la question : est-ce que je fais passer le bonheur des autres en priorité, c'est-à-dire avant le mien? Ou : est-ce que je cherche à en retirer une part? Ou encore à être d'abord satisfaite?

Où en êtes-vous ?

Petit test d'évaluation :
a) je pense d'abord au bonheur des autres.
b) je pense au bonheur des autres, mais je dois le partager.
c) je passe à la case du bonheur en premier parce que je suis pressée.

219

CHAPITRE 7

Résultat

Les points de mérite vous seront attribués selon votre sincérité, mais si vous choisissez, sans vous mentir à vous-même, la réponse c, vous gagnez autant de points favorables que votre prise de conscience juste vous autorise. En fait, vous gagnez l'accès à la transformation positive dans la limite de votre désir de changer !

Méditer 1 fois, c'est créer un mérite.

Méditez souvent, c'est accumuler des mérites.

Méditer tous les jours, c'est accomplir et réaliser autant de mérites que le bonheur « exige ».

C'est quoi les mérites ?

C'est l'attribution de la loi de cause à effet. Vos pensées, vos paroles et vos actions produisent à chaque instant des causes dont vous récoltez, soyez-en bien certaine, les effets quelque temps après. Tout de suite, un peu plus tard, beaucoup plus tard, mais le jour du retour viendra.

Petit carnet de route pour vos méditations

Voici quelques thèmes et leur fil conducteur sur lesquels appuyer vos méditations. Vous pourrez ainsi choisir selon votre humeur, les circonstances de votre vie et leurs défis, vos questionnements, etc., le sujet le plus approprié.

Méditer de cette manière deviendra un intérêt, un plaisir, une joie, mais jamais une corvée ni un ennui.

Le chemin du bonheur

Méditer, c'est vous donner un rendez-vous privilégié avec la guérison, la compassion, l'auto-analyse, la sagesse et la paix. Méditer chaque jour, c'est avancer vers le bonheur.

Le voyage de guérison (méditation analytique)

Votre corps est une terre fertile propice à recevoir les graines semées par votre esprit, à les faire germer et à produire les résultats correspondants. Prenez le temps de prendre soin de vous. Et en véritable *« gentlewoman farmer »*, allez inspecter vos terres.

Confortablement installée pour un moment de tranquillité, relaxez-vous bien en respirant quelques instants lentement et profondément.

... Les plumes blanches des nuages dans le ciel se balancent au gré de votre souffle et l'esprit se détend... Inspirez, expirez...

Un oiseau bleu emporte sur ses ailes le trop-plein des pensées et le mental s'apaise. Inspirez, expirez...

En bas, le corps de la terre se repose, c'est le moment d'aller le visiter...

Comme un planeur descend au milieu des champs avec la légèreté de la rosée sur l'herbe, posez votre attention sur l'aire d'atterrissage de votre terre corporelle au sommet de la tête.

Le temps de couper le moteur vrombissant des pensées, restez là, attentive au ralentissement des images et des idées dispersées, jusqu'à leur extinction... silence... et le monde intérieur apparaît.

Il fait beau sur la terre, juste assez de soleil et de pluie pour combler la nature. Il fait beau en vous lorsque l'harmonie n'est pas mise en danger.

CHAPITRE 7

Si l'orage éclate, il détruit les cultures, la grêle explose les bourgeons prometteurs, la haine et la colère pulvérisent le bonheur.

Promenez-vous en vous et apprenez à repérer le bon grain de l'ivraie. N'oubliez pas que le semeur, c'est vous, le laboureur, c'est encore vous et que la moisson est pour vous.

Des choses si importantes ne se laissent pas en friche. C'est votre terre dont il s'agit, le terrain d'expérience sur lequel s'accomplit votre existence. Le corps se charge d'exploiter les ferments de l'esprit. Regardez bien ce qu'il convient de cultiver.

Les rancunes, les peurs, les jalousies et les déconvenues sont autant de mauvaises herbes qu'il est temps d'extirper du terreau de votre bonne volonté. Les désirs violents, les soifs de pouvoir, de richesse et de gloire sont des poisons mélangés à l'eau de vos plus beaux espoirs.

Les engrais comme la passion et l'enthousiasme doivent être composés dans une juste mesure sous peine de brûler les jeunes racines de vos projets.

Intelligente et prévoyante, rien n'échappe à votre observation et après l'avoir correctement inspecté, vous allez maintenant traiter le terrain de votre être. Pour détruire les nuisibles, les états négatifs, il vous faut un produit infaillible : la vigilance. Pour réduire les risques de contagion qui propagent les virus de la malfaisance (trop parler, trop vouloir, trop amasser engendrent ce virus), vous devez préparer, pour moitié, le remède de la tempérance et celui de la patience. Enfin, pour assainir l'ensemble, il faut vous exposer au soleil radieux de la sagesse. Votre nature véritable est cette sagesse. Pour l'approcher au plus près, vous pouvez réciter ces mantras :

• en inspirant : «Ma nature véritable est la sagesse...»
• en expirant : «La sagesse est ma nature véritable...»

autant de fois qu'il vous plaira jusqu'au moment où vous vous laisserez reposer silencieusement au cœur même de votre sagesse.

COMMENT APPRENDRE À MÉDITER

Le voyage de paix (méditation contemplative)

Il est un lieu en vous où le calme fait sa demeure. Pour le découvrir, il faut vous préparer avec autant d'application que vous le feriez si vous étiez reçue par une personnalité influente. Laissez de côté vos énervements car il s'agit de vous présenter au meilleur de vous-même.

Commencez par une petite séance de respirations lentes et profondes. Soyez consciente de chaque inspir, chaque expir. Le temps que vous prenez pour cela remplace aisément celui que vous auriez passé chez l'esthéticienne ou le masseur. Peu à peu, les agitations du corps et de l'esprit semblent glisser sur votre souffle qui les entraîne loin de vous. Tout devient calme. Le voile qui limitait votre champ de vision s'ouvre et libère votre esprit. Tout devient clair. Inspirez, expirez et laissez-vous avancer...

Vos pas légers se posent sur la terre du calme et votre corps sourit à son bien-être tant désiré. Un ciel blanc bleuté éclaire le paysage de votre esprit et tout devient lumière de paix. Vous voilà arrivée. Vous pouvez poser les bagages du passé qui pèsent encore trop lourd et vous affaiblissent toujours. Vous n'en avez plus besoin, ils ne servent plus à rien. Restez ici, là où vous êtes dans la contemplation du bonheur intérieur. Le chemin de paix est tracé, il vous suffit d'y demeurer.

Le voyage de compassion (méditation quotidienne)

L'amour et la compassion sont les joyaux du cœur, ils ornent la couronne de l'esprit et illuminent la terre entière. C'est le trésor de l'humanité garant de sa continuité. Chaque être, à sa naissance, en reçoit une parcelle destinée à être partagée. Dans le cas où l'échange n'aurait pas lieu,

223

les conflits surgiraient et les guerres feraient des ravages, mais ça y est, nous y sommes.

L'ignorance, la haine et la paresse se chargent de détruire toute forme d'espérance. Que reste-t-il à faire ? Retrouver le paradis perdu et son chemin qui passe par nos cœurs.

C'est en osant regarder la souffrance que l'on peut faire jaillir la compassion. Alors, à titre d'exemple, imaginez qu'en vous promenant dans la rue, votre regard se pose sur une toute petite boule de poils roux. En vous approchant, vous percevez un faible miaulement. Vous vous accroupissez pour être à sa hauteur, mais lorsque vous posez la main sur elle, elle émet un son rauque et inattendu qui vous fait sursauter. Lentement, une petite tête émerge des poils ébouriffés et des yeux mordorés plongent leur détresse dans vos yeux. Vous ramassez le chaton qui gémit pour vous apercevoir qu'une de ses pattes pend lamentablement. Dans le creux de vos mains, quelques grammes de vie palpitent encore...

Vivre cette histoire mentalement, sans épargner aucun détail (vous pouvez même en ajouter), vous permet de mesurer le degré sensible de votre compassion. Qu'allez-vous faire face à cette souffrance ? Quel élan soulève-t-elle en vous ? Quelle sensation ?

Impossible d'abandonner ce petit être en détresse, alors ?... Eh bien là, c'est à vous de prendre le relais.

La force de la compassion s'est levée et elle vous donne les bonnes idées et les bons gestes, les justes réflexes et les moyens d'être vraiment utile. Si la réalité, loin d'être rose, achève l'histoire en vous faisant pleurer, le bénéfice que vous en retirez est d'avoir éveillé dans votre cœur le bonheur de pouvoir aimer sans intérêt ajouté.

Chaque instant de la vie propose autant d'exemples de souffrance qu'il y a de différences, nous y sommes tous soumis. Célébrer l'existence en toute responsabilité n'est pas que rire, chanter, se contenter, c'est aussi savoir regarder autour de soi. La nature, les animaux, les êtres humains, ceux que l'on aime et tous les autres méritent leur part d'amour et de compassion. C'est en méditant chaque jour sur l'amour qui ne demande rien en retour que vous ferez du quotidien votre plus beau voyage.

Secret d'amitié n° 7 : se rendre libre

On en a déjà parlé, plaire à tout le monde est mission impossible et répondre à toutes les exigences sous prétexte de ne pas déranger les attentes d'autrui n'est pas un engagement sain. Laissez dire et laissez faire, ne vous souciez plus de ce que les autres vont en penser ou ce que sera leur réaction. À partir du moment où vos décisions ne portent préjudice à personne, cessez de vous préoccuper. Restez dans la pleine conscience de vos actes devant votre propre conscience et demeurez dans votre éthique. Ne vous accordez pas plus d'importance que vous en avez parce que ça, c'est de l'orgueil. Ce qui est indispensable n'est pas vous-même mais votre intégrité.

Sur un plan pratique, au quotidien, la méditation favorise la clarté de notre champ de vision. Bien définir ce qui vous pousse à faire ou ne pas faire ceci ou cela, pour ne plus vous tromper vous-même. Mais là, c'est vrai, il faut accepter de ne pas se plaire ou se donner raison en tous points. En écoutant votre sagesse vous parler dans le silence méditant, vous gagnerez, c'est sûr, sur tous les plans !

CHAPITRE 7

DIX PETITS TRUCS POUR BIEN PRATIQUER

1. Ne mangez pas trop
Pour bien méditer, il faut éviter de surcharger son estomac.

2. Choisissez le bon lieu
De préférence dénué de bruits dérangeants.

3. Protégez-vous
Placez-vous sous la protection de la pure nature de votre esprit profond.

4. Lisez des textes sacrés
Les enseignements du Bouddha, la Bible, le Coran...

5. Prenez de bonnes habitudes
Après chaque méditation, prenez l'habitude de faire cadeau de vos efforts à ceux qui ont besoin de soutien.

6. Pensez aux bienfaits de la méditation...
... et aux inconvénients de la négligence.

7. Commencez toujours...
... par méditer sur votre souffle en observant son rythme.

8. Ne vous laissez pas faire
Ne vous laissez pas impliquer dans les pensées et les images qui surgissent. Laissez-les passer.

COMMENT APPRENDRE À MÉDITER

9. Élevez-vous

Élevez votre esprit dans son aspiration d'être débarassé de ses perturbations (colère, jalousie, etc).

10. Méditez... pour vous et pour les autres

Entretenez la motivation d'être bénéfique à tous en commençant par méditer.

chapitre 8

Comment trouver le bonheur
grâce au yoga

Et si moi aussi j'avais droit au bonheur ?

Comme dans un ballet d'opéra, les êtres dansent leur existence occupant l'espace tantôt à l'avant, tantôt à l'arrière, souvent sur les côtés et parfois au centre de la scène. Rien n'est plus vain que vouloir acquérir et garder à tout prix la meilleure place. L'énergie de la vie pousse son inépuisable mouvement en le faisant tourner dans tous les sens. L'esprit chavire s'il n'est pas contrôlé et le corps vacille dans le tournoiement qui le déséquilibre. Vous, moi et les autres, sommes tous des êtres sensibles et nous revendiquons notre droit au bonheur. L'étude, l'entraînement et la pratique régulière du yoga offrent les moyens d'y accéder. La roue du temps tourne à toute vitesse et rien ne la fait s'arrêter, mais il nous appartient de faire de nos jours un enfer ou une bonne vie.

Heureuse, oui, mais par rapport à qui ?

On arrête les comparaisons, ça n'a pas de réalité. Heureuse oui, mais par rapport à ses convictions, à ses choix, à ses engagements. Toujours en référence à votre éthique et dans le respect des valeurs, contempler la beauté pure des actes aimants et généreux donne de l'éclat aux pensées, de la chaleur dans le cœur et du sens à la vie.

L'existence n'est pas vraiment tendre et c'est se leurrer que s'installer dans un paresseux confort. Parce que le temps est changeant, contradictoire et capricieux, il nous indique la voie du courage et de la tempérance. Ses fluctuations nous engagent à voir plus loin que le bout de notre nez. La philosophie du yoga ouvre l'espace et montre tous les potentiels qu'il

CHAPITRE 8

contient. Suivant le mouvement du temps, il y a de la joie et de la souffrance, de l'espoir, de la désespérance, de l'abondance et de la restriction, du beau, du bon et leur contraire.

Rien de tout cela ne ressemble au bonheur. Alors le yoga enseigne les moyens de dépasser les limites du corps et de l'esprit pour pouvoir rencontrer un état d'être suprême, ultime, subtil : l'état du bonheur parfait.

Les qualités à cultiver quoi qu'il arrive

• Respecter toute forme de vie.
• Se garder de prendre quoi que ce soit qui ne vous ait pas été donné.
• Anoblir l'amour grâce à la fidélité.
• Donner du pouvoir à ses paroles en pratiquant la vérité.
• Préserver son esprit de tous facteurs toxiques.
• Relever les qualités des autres et ne parler que de celles-là.
• Réserver les meilleures choses pour les autres.
• Cultiver l'humilité, la patience et la générosité.
• Se remettre en question.
• Nourrir un idéal qui profite à autrui.
• S'éloigner de tout ce qui est contraire à l'éthique personnelle.
• Rechercher le calme et la sagesse.

Les (bonnes) questions à se poser

• Quel est mon principal centre d'intérêt ?
• À quel genre d'activité je consacre le plus de temps ?
• Qu'est-ce qui me donne le plus de joie ?
• Qu'est-ce qui compte le plus dans ma vie ?
• Ai-je l'impression d'évoluer ou de stagner ?
• Est-ce que je donne suffisamment de moi-même, de mes biens, de mes talents ?

- Quelle part de temps je réserve à mon entraînement spirituel par rapport au temps accordé aux autres choses ?
- Ai-je un véritable bon cœur ? Suis-je une bonne personne ?
- Ai-je accepté de pardonner ?
- Est-ce que je fais des efforts pour m'améliorer ?
- Combien de fois est-ce que j'accepte d'avoir tort ?
- Est-ce que je vérifie soigneusement la situation avant de la juger ?

Votre vie est entre vos mains

Et si vous arrêtiez de courir après le succès, après l'argent, après l'amour, au bénéfice d'une promenade dans le jardin de votre vie ? Cela vous donnerait le temps de voir combien les journées sont remplies d'instants de beauté, de joie, d'accord parfait. Ah, là, vous n'êtes plus d'accord ? Et vous revendiquez tout ce qui ne va pas en m'énumérant les doutes, les colères, les ingratitudes, toutes ces choses que vous trouvez injustes et qui frappent votre quotidien. Eh bien justement, si vous acceptez de regarder côté jardin, vous trouverez tout ce qu'il faut pour installer une autre ambiance. Comme vous le savez maintenant, c'est le regard que l'on porte sur le monde qui le crée. Sans être indifférente, ni dénier quoi que ce soit, vous pouvez choisir de voir le bleu du ciel au travers des nuages simplement parce que vous n'attachez plus autant d'importance aux apparences.

CHAPITRE 8

La réalité, vous l'avez décidé,
c'est avec vous qu'elle doit compter !

Bravo, vous avez tout compris. Finies, les lassitudes, les peurs et la paresse. Bonjour l'enthousiasme, la détermination et la force qui les accompagnent ! Y a-t-il quelque part de la morosité dans l'air ? Peut-être bien, mais elle n'est plus pour vous. Tournez résolument le dos aux empêcheurs de bonheur et n'en voulez à personne de ne pas penser comme vous.

Soyez juste

L'action juste est désormais celle que votre conscience avertie et présente à elle-même vous dicte. La pensée juste est celle qui ne se laisse plus troubler par le moindre avis contraire. Fière de l'éthique que vous vous êtes fixée, vous avancez dans vos projets en toute sécurité. Centrée en vous-même, dans le juste équilibre de votre esprit tranquille, vous contemplez ce qui en chaque instant enrichit votre vie.

La vie est un jardin d'amour. Dans ce jardin, vous trouvez de multiples variétés de fleurs, d'arbres fruitiers, ornementaux et une pléiade de végétaux. Tout ce monde s'accorde bien ensemble malgré les différences : les uns aiment la pluie, d'autres préfèrent le soleil ou l'ombre, la chaleur, la fraîcheur, la sécheresse ou l'humidité. Certains prennent racine dans la glaise épaisse et mouillée, d'autres dans un sol aride, sablonneux ou léger.

Toute cette image pour vous dire que la nature connaît la nécessité de s'adapter et elle s'y emploie comme une mère, pour la survie de ses nombreuses espèces. Nous, c'est pareil. Enfin, ça devrait l'être !

En ce domaine, le moindre effort porte en lui les fruits de sa réalisation. Chaque sourire, chaque mot gentil efface les tourments et les regrets de la rancune et de la jalousie. Quel sens y aurait-il à perdre de vue le bonheur ?

Mais pour qu'il reste toujours présent, il faut l'encourager, l'entourer et le préserver. Il faut lui montrer que l'on croit en lui et le lui prouver.

Aimez...

... comme un enfant aime le monde qu'il découvre avec émerveillement.

... comme le soleil aime la terre en lui donnant de la lumière et en la réchauffant.

... comme les oiseaux aiment l'espace sans limites, sans frontières, sans autre appui que la confiance.

... l'aventure extraordinaire contenue dans chaque instant de l'existence.

... le moment présent car c'est là que se joue votre vie.

Motivez-vous chaque jour

Malheureusement, la baguette magique n'existe pas. Au risque de briser vos illusions d'enfant, même dans les contes de fées, elle n'est qu'un prétexte à démontrer que tout est possible.

Servez-vous de votre motivation car son pouvoir est supérieur à tout artifice, sa force dépasse les limitations et franchit les obstacles. Rien d'autre n'a la capacité de vous assurer les réalisations que vous cherchez. Alors ne perdez plus votre temps, et établissez votre programme « bien-être » au jour le jour en installant votre programme motivation au premier plan. Si vous rencontrez une ombre au tableau, consultez vite les différents chapitres relatant nos conversations, nos confidences et le partage de notre amitié. Vous allez y arriver, je crois en vous !

CHAPITRE 8

Mon plus grand secret d'amitié

Dans mon jardin personnel règne la puissance indestructible de la foi que j'accorde en la nature pure de chaque être. Sans doute pensez-vous que je suis une idéaliste et vous avez certainement raison, mais j'ai aussi les pieds bien dans la glaise et mon esprit ne s'illumine pas au contact de n'importe quelle flammèche.

J'ai passé une grande partie de mon existence déjà bien entamée à mettre en expérience tout ce dont je vous ai parlé. De ce fait, aujourd'hui, je peux vous l'affirmer, le meilleur existe en chacune de nous et il y a toujours un moyen de le faire jaillir. Dans le vaste terrain de jeux de guerre et paix que représente le quotidien, j'ai choisi un jour de faire la paix, définitivement. Parce que j'ai compris que pour la trouver, il faut avant tout l'accomplir en soi-même. Et pour y parvenir, j'ai dû et je dois, oh combien ! encore tenir les rênes du cheval rebelle de mon esprit. Parfois, au cours d'une fraction d'inattention, il se dérobe, fait des écarts et me renverse, mais je remonte en selle sans plus jamais me décourager. Grâce à cela, il m'arrive désormais de pouvoir admirer le paysage de l'existence, tellement sublime lorsqu'en elle règne la bienveillance. Et cela, j'en suis sûre, est le plus beau cadeau de la vie.

Vous rencontrer dans les pages de ce livre me donne la possibilité de vous offrir une part de ce merveilleux trésor, l'autre part vous attend au détour des efforts joyeusement consentis qui feront de vous une gagnante !

Ce ne sont que des phrases, ce ne sont que des mots, mais au-delà se trouve l'énergie de la vie qui nous réunit.

COMMENT TROUVER LE BONHEUR GRÂCE AU YOGA

DIX PETITS TRUCS POUR ÊTRE HEUREUSE

1. Ne semez pas le trouble
Réfléchissez avant de parler.

2. Ne vous trompez pas
Cessez d'entretenir l'amour de soi au détriment de l'amour des autres.

3. En cas de conflit, acceptez la défaite
Et offrez la victoire sans amertume.

4. Ne soyez pas intéressée
Ne courez pas après le gain à tout prix.

5. Soyez attentive aux autres
Donnez le meilleur de vous-même en toutes circonstances.

6. Devenez douce et humble...
... en restant ferme avec vous-même.

7. Faites tomber les barrières...
... Et cultivez la confiance.

8. N'oubliez jamais...
... que rien ne vous appartient.

CHAPITRE 8

9. Renoncez aux causes de la souffrance

Soyez disponible et aimante, généreuse et joyeuse, patiente et courageuse.

10. Prenez les médicaments de l'esprit que le yoga propose...

... et guérissez votre corps et votre vie.

chapitre 9

Petit glossaire du yoga

Aura

Réflexion de la radiation émise par toute matière vivante ou inerte. C'est un champ électromagnétique qui entoure les formes et les êtres.

Chakras

Centres de concentration énergétique reliés aux glandes endocrines, aux organes physiques et aux consciences qui leur sont associées. Il existe 7 principaux chakras dans le corps.

Corps vital

Corps d'énergie invisible et présent au sein du corps physique. Il est le réceptacle du pouvoir de vie *(prâna)* circulant dans les *nadis* (voir ci-dessous) au moyen de la respiration.

Mantra

Mot sacré par le pouvoir vibratoire du son.

Nadis

Courants intermédiaires entre le physique et le psychisme agissant en tant que doubles éthériques des systèmes nerveux. Ils véhiculent l'activité vibratoire de la conscience. *Ida*, *pingala* et *sushumna* sont les trois principaux.

CHAPITRE 9

Prâna

«Fluide» vital ou principe de vie contenu dans le souffle et dans l'univers tout entier.

Prânayama

Science yogique de la respiration qui exerce un contrôle sur la force vitale.

Yoga

Du sanskrit *yuga*, le «joug». Le yoga est le lien qui relie entre eux les éléments du corps et de l'esprit pour constituer l'attelage de l'énergie de vie.

Bhakti yoga : pratique de dévotion, de respect et de foi fondée sur l'amour pur.

Hatha yoga : pratique de yoga postural classique dont le but est d'équilibrer les énergies dans le corps.

Kriya yoga : science spirituelle relevant d'une lignée de sages yogis (*Paramahansa Prajananananada*) visant au développement et à la réalisation de l'ensemble des potentialités humaines.

Raja yoga : pratique traditionnelle du yoga en 8 stades : *Yama et Niyama*, les principes de vie. *Asana*, les postures. *Prânayama*, l'étude du souffle. *Prathyahara*, le retrait des sens. *Dharana*, la concentration. *Dhyana*, la méditation. *Samadhi*, l'absorption dans la conscience universelle.

Véda yoga : pratique associée aux éléments directs de la vie quotidienne corps-esprit, à la beauté des formes, à l'inspiration musicale, à la créativité du mental, aux énergies de joie et de paix.

Yeshé yoga : yoga tibétain relevant des enseignements spirituels du maître contemporain Lama Thoupten Yeshé.

Carnet d'adresses

Où pratiquer le yoga ?

• Le yoga de Davina dans les centres Vit'halles à Paris (www.vithalles.fr)
Vit'halles Spa, 3, bd Lannes, 75116 Paris. Tél. : 01 45 04 04 03
Vit'halles Raspail, 226, bd Raspail, 75014 Paris. Tél. : 01 43 21 14 40
Vit'halles Batignolles, 32, bd des Batignolles, 75017 Paris.
Tél. : 01 42 93 77 00
Vit'halles Nation, 164, bd Diderot, 75012 Paris. Tél. : 01 43 43 57 57

Les contacts recommandés par Davina :
**Retrouvez toutes les activités de Davina sur www.davinaforme.com
Contact : davina.d@orange.fr**
• Le Yeshé yoga au centre bouddhiste tibétain Kalachakra
(www.centre-kalachakra.net)
5, passage Delessert, 75010 Paris. Tél. : 01 40 05 02 22
• Pranayama, le yoga du souffle avec le docteur Hugues Gouzènes.
Tél. : 06 82 31 23 70
• École de Hatha yoga d'Eva Ruchpaul (www.evaruchpaul.asso.fr)
69, rue de Rome, 75008 Paris. Tél. : 01 44 90 06 70
• Mathieu, Infos Yoga, 35320 Lalleu. Cours et stages toute l'année.
Tél. : 02 99 43 17 90
• Hatha yoga à Dieppe. Jean-Marc Lecoutre, centre Armoni,
48, rue Montigny, 76200 Dieppe. Tél. : 02 35 06 10 81

À lire

- Les magazines de yoga sur abonnement :
  Infos Yoga (sur abonnement), 35320 Lalleu. Tél. : 02 99 43 17 90
  Santé Yoga (sur abonnement) : santeyoga@portroyal.com
  Belle-Santé (rubrique mensuelle Corps-esprit de Davina).
  Tél. : 01 64 01 37 08 (en vente dans les maisons de presse)
- *Le yoga de Davina*, Davina Delor, Marabout, 2003
- *Qi gong*, Davina Delor (livre + DVD), Marabout, 2005

Table des matières

Sommaire	5
Avant-propos	7
Pourquoi ce guide va vous aider	9

chapitre 1
Comment atteindre vos objectifs à coup sûr	13

Et si vous commenciez par vous détendre ?	15
Vous êtes unique	15

Chuuuttt... Détendez-vous	16
Abandonnez-vous au bien-être	17

Le bonheur est en vous	18
Prenez un rendez-vous avec vous	18

Le chef en vous, c'est votre esprit	20
Soyez lucide	20

Prête pour un jeu de rôle ? Le jeu du yoga	22
Et si vous vous preniez pour... une girafe ?	22
Et si vous vous preniez pour... une libellule ?	24
Et si vous vous preniez pour... une grenouille ?	25
Et si vous vous preniez pour... une fleur des champs ?	26

Comment vous motiver ?	27
Faites votre choix !	27
Mais qu'est-ce qu'une motivation ?	29
Utilisez les clés de rappel	30
Prenez-vous en main !	30
Ce qui est avec vous, ce qui est contre vous	33

TABLE DES MATIÈRES

Comment passer du rêve à la réalité ? 35
Cessez de rêver votre vie 35
Réalisez vos rêves 36
Le yoga du rêve 37
Les efforts que l'on aime 41

Changez vos habitudes, et vous changerez votre vie ! 43
Changez tout ! 44
Dix trucs à ne pas faire 47

chapitre 2
Comment rendre votre corps et votre esprit heureux 49

Et si vous n'étiez pas la seule à tout décider ? 50
Le couple le plus exigeant 50

Qui dit nourriture matérielle dit nourriture spirituelle 53
Un bon carburant 53

Soignez votre mental 55
Hatha yoga, le yoga du corps 56
Imaginez… 57

Et si vous faisiez la paix dans votre esprit ? 59
Le yoga de l'esprit : la concentration 60

Et si vous voyiez les choses autrement ? 62
Être en forme, ça veut dire quoi ? 63
Votre forme vous appartient 63
Le fond et la forme 66

Comment vous trouvez-vous ? 67
Choisissez bien votre modèle 67
Bien en soi 69

TABLE DES MATIÈRES

L'estime de soi, un état d'être	71
Le plaisir en partage	73
Et si vous faisiez du yoga à deux ?	75
Le yoga en partage	75
Le meilleur de vous-même n'est plus très loin…	78
DIX PETITS PLAISIRS POUR ÊTRE HEUREUSE	79

chapitre 3

Comment sculpter votre corps (et votre esprit par la même occasion)	81
« La salutation à la Lune, c'est dans ce chapitre ? »	83
Comment tout savoir sur le yoga en moins de 300 mots	83
Rencontrez la force en vous avec la posture de la montagne, *Tadâsana*	85
« Vous avez un nouveau message »	87
Votre corps est un satellite de l'énergie universelle	88
Le grand espace	89
L'art postural	91
Échauffez-vous avec la bascule	92
Respirez par le dos	93
Pavanamuktâsana, la posture de la libération	94
Et si vous appreniez enfin à bien respirer ?	95
Le nez est fait pour respirer !	95
Tenez-vous droite !	97
Paschimottanâsana	97
Le yoga n'est pas une gymnastique	101
La salutation au Soleil	101
Et si vous deveniez patiente ?	106
Vous avez le sentiment que la vie vous bouscule constamment ?	106
Les efforts vous fatiguent dès que vous y pensez ?	107
DIX PETITS TRUCS POUR NE PLUS ÊTRE PARESSEUSE	108

TABLE DES MATIÈRES

chapitre 4
Comment détendre votre esprit.. 111

Seriez-vous stressée ?.. 113
Un peu de vocabulaire… pour y voir plus clair................................... 114

Concentrez-vous.. 116
La concentration en un point.. 116

Choisissez vos priorités... 117
Une journée modèle dans votre nouvelle vie...................................... 119
Yoga du matin.. 122
Yoga du soir... 125
Posture pour relancer l'énergie.. 127
Posture pour trouver le calme en deux temps… deux mouvements !....... 128

Avez-vous fait des progrès ?.. 129
Des cadeaux toute l'année ?... 130
Alors, heureuse ?.. 131

Quelle est votre priorité ?... 132
Une santé stable et un esprit sain dans un corps sain....................... 132

Ne soyez pas fataliste !... 134
Cessez de parler et agissez !.. 135
Dix petits trucs pour prendre votre vie en main.................................. 137

chapitre 5
Comment bien pratiquer le yoga quand on est paresseuse................. 139

Comment réunir toutes les bonnes conditions ?........................ 141
Plantez le décor.. 141
Établissez un programme douceur.. 142
Devenez votre meilleur professeur... 154
Le bonheur, ça se mérite…... 156

250

TABLE DES MATIÈRES

... mais ça s'apprend 156
Prenez soin de vous 157
C'est l'heure du conte ! 159
Résumé express pour les plus paresseuses 172
À lire absolument : en particulier les paresseuses ! 173
DIX PETITS TRUCS POUR BIEN PRATIQUER 176

chapitre 6
Comment soulager ses maux grâce au yoga 177

« Et si j'ai toujours un petit problème, ça marche aussi ? » 179

Préventif et parfois même curatif 179

Le yoga pour entretenir son corps : le yoga égyptien 180
Votre nouvel adage : ne rien vouloir faire, ne rien forcer 180
Et si vous vous régénériez ? 188
« J'ai mal au dos ! » 196

Le yoga pour gérer ses émotions : le *Pranayama* 199
Le yoga du souffle 199
Votre programme personnalisé 200
DIX PETITS TRUCS POUR ALLER MIEUX 206

chapitre 7
Comment apprendre à méditer 207

Méditer, moi ? 209

Mais qu'est-ce que c'est ? 209
Une relaxation profonde 210

La méditation, à quoi ça sert ? 213

251

TABLE DES MATIÈRES

La toute première fois 214
Les bonnes conditions et les écueils à éviter 214

Deuxième séance : à quoi sert la méditation dans la vie quotidienne ? 217
Ce que va vous apporter la méditation 218

Petit carnet de route pour vos méditations 220
Le voyage de guérison (méditation analytique) 221
Le voyage de paix (méditation contemplative) 223
Le voyage de compassion (méditation quotidienne) 223
DIX PETITS TRUCS POUR BIEN PRATIQUER 226

chapitre 8
Comment trouver le bonheur grâce au yoga 229

Et si moi aussi j'avais droit au bonheur ? 231
Heureuse, oui, mais par rapport à qui ? 231

Votre vie est entre vos mains 233
La réalité, vous l'avez décidé, c'est avec vous qu'elle doit compter ! 234

Mon plus grand secret d'amitié 236
DIX PETITS TRUCS POUR ÊTRE HEUREUSE 237

chapitre 9
Petit glossaire du yoga 239

Carnet d'adresses 243
À lire 245

Dans la même collection :

Jeune Maman et Paresseuse
L'Almanach des paresseuses
L'Anglais des paresseuses
L'Armoire idéale des paresseuses
*L'Art de se faire épouser
    des paresseuses*
L'Astrologie des paresseuses
La B.D. des paresseuses
La B.D. des paresseuses 2
La Beauté des paresseuses
La Boîte à paresse
Les Bonnes Résolutions des paresseuses
*Les Bons Plans anticellulite
    des paresseuses*
Le Bricolage des paresseuses
La Cave à vin des paresseuses
Le Corps de rêve des paresseuses
La Couture des paresseuses
La Cuisine des paresseuses
L'Écologie des paresseuses
Le Feng Shui des paresseuses
La Fête des paresseuses
Le Guide de survie des paresseuses
La Gym des paresseuses
L'Histoire de France des paresseuses
Le Home sweet home *des paresseuses*
Le Jardinage des paresseuses
Le Kama-sutra des paresseuses

*Le Nouveau Savoir-Vivre
    des paresseuses*
La Philo des paresseuses
Les Paresseuses cassent la baraque
Les Paresseuses changent de vie !
Les Paresseuses se marient !
Les Paresseuses s'engagent !
Le Paris des paresseuses
Le PC des paresseuses
Le Poker des paresseuses
La Positive Attitude des paresseuses
Le Prince Charmant des paresseuses
La Recherche de job des paresseuses
Le Régime des paresseuses
La Santé des paresseuses
La Sexualité des paresseuses
Les Secrets de jeunesse des paresseuses
Le Sudoku des paresseuses
Le Système D des paresseuses
Le Tricot des paresseuses
Les Vacances des paresseuses
*La Vie politique (enfin) expliquée
    aux paresseuses*
La Vie rêvée des paresseuses
Le Vintage des paresseuses
La Zen Attitude des paresseuses

En papeterie :

L'Agenda des paresseuses 2008
Le Répertoire des paresseuses